市民参加の平和都市づくり

田辺 勝義

本の泉社

はじめに

この本に、平和都市づくりに関する文、水と緑の自然環境の保全に関する文、太陽光発電所づくりに関する文を載せましたが、そのいずれにも共通していることは、その時どきの状況のなかで、住民が、市民が、若者が自主的に住民運動や市民運動を起こして、地域や街や環境を変え、それを未来に引き継いだという経過が示されています。

第1章は、私たちが、市民参加の精神で平和公園開設などに取り組み、川崎市を平和な都市にし、核兵器をなくすために「平和都市宣言」をするよう要請したこと、そして、市民運動として市に働き掛けを続け平和館建設を実現し、平和都市づくりに挑んだ経過を書いています。

第2章、第3章では、地域の古くからの住民がかつての故郷復活を目指して動き、新しい世代の住民と共に、せせらぎの緑豊かな水辺空間を復活させ、貴重な樹林地の開発を食い止めて町づくりをした経過が示されています。

第4章では、若者たちが原発事故による放射能汚染に危機と怒りを感じ、再生可能エネルギーに未来を見出し、自力で太陽光発電所を建設した経過が示されています。その目的の実現のために話し合い、役割分担をし、協働するなかで、新たな社会を形成していく主体となって行くプロセスが示されています。

なお、時間の経過から言えば、山と川の環境復活の話のほうが古いのですが、それでもこの本の表題を〝平和都市づくり〟にしたのは、足掛け四〇年という長い年月とエネルギーを注いだ運動だったからであり、さらに、今回の報告が初めて単行本としてに発表されるものであり、私としても力の入った内容になっていると密かに考えているからです。

私は、そのようないくつかの経験を報告するなかで、環境を守ったり、地域を変えて行く際に役立つこともあるであろうと期待しておりますし、逆に、主観的過ぎるなどのご批判もいただければと考えております。

目次

《初出一覧》

- ・第１章：岩佐研究会で報告したもの。内容的には未発表
- ・第２章：旧「井田山の自然を守る会」の阿久沢朋子さんの記録をもとに作成（1998年「井田山保全運動の年譜」を参考）
- ・第３章：季論21　2019年夏号（第45号／本の泉社）
- ・第４章：『21世紀をつくる君たちへ』（学習の友社／2018年）
- ・【付】　：季論21　2017年春号（第36号／本の泉社）

第1章

「平和をきずく市民のつどい」三六年

――川崎の平和都市づくりを顧みる――

川崎市平和館運営委員
平和をきずく市民のつどい実行委員会
核兵器をなくし軍縮をすすめる
川崎市各区区民の会連絡会

はじめに

一九七〇年代になると川崎では米軍基地の返還運動が強まり、七五年に基地の返還が実現しました。その動きに合わせて、川崎を平和で安心して生活できる都市にしたいと考えていた市民が、川崎市に平和都市宣言をして貰おうと、川崎市の各区に反核・平和のための区民の会を作り、全市で纏って「核兵器をなくし軍縮をすすめる川崎市各区区民の会連絡会」（以下「連絡会」）を立ち上げました。

その「連絡会」が川崎市に「核兵器廃絶平和都市宣言」（以下「平和都市宣言」）をするよう要請しました。すると川崎市はその革新性を発揮して、八二年六月に全国の政令指定都市に先駆けて「平和都市宣言」を発信しました。

「宣言」をするよう市長に要請したのが、私たち・「連絡会」でしたので、その趣旨の普及・徹底とその実現のために「平和をきずく市民のつどい」（以下「平和のつどい」資料1―1）を

資料1―1
「平和をきずく市民のつどい」
30年のあゆみ

始めました。

平和都市づくりの努力は戦後ずっと続いており、八二年からではないのですが、私との関わりで「平和のつどい」を中心にして書きます。そして、それ以前、戦前、戦後も、戦争と平和を視野に入れて論ずることにします。

１　平和公園ができるまで　戦前と戦後

（1）川崎・中原大空襲

戦前の川崎市には、日米開戦からまだ半年もたっていない四二年四月に、初空襲がありました。南部にあった日本鋼管などが被弾し、死者三四人の被害が出たのです。本格的な空襲に襲われるようになったのは、四五年の初めごろからで、四月一五日の夜は「川崎大空襲」でした。B29により一万三〇〇〇発の焼夷弾が落とされ、市の中心部は焼け野原となりました。死者は一〇〇〇人を超え、罹災者は一五万人にのぼり、市の人口の四四％でした。（写真１―１）

写真１―１
B29爆弾投下（川崎市平和館提供）
出所：『川崎・中原の空襲の記録』（川崎中原の空襲・戦災を記録する会）

そのなかで、内陸部の中原の住吉・今井地域が川崎市内で最初に火の手が上がったと言われています。

1）なぜ農村地域の住吉、今井地域に大空襲か

この地域は一九三七年ごろから農地が買い上げられ、東京航空計器などの軍需工場が次々に作られていきました。そのために、臨海部の工業地帯と共に、内陸部の中原の軍需工場地域一帯が無差別の焼夷弾攻撃にさらされたのでした。

このころには、米軍の攻撃は軍需工場だけでなく、非戦闘員も含む地域全体を破壊する作戦に変わっていました。多摩川の河川敷に避難した人さえ二二名が命を落としています。

一九二七年に川崎・登戸間の南部鉄道が開通し、二九年に立川まで延びましたが、川崎の軍需工場地帯はそれに合わせて川崎の内陸部に形成されていきました。三七年に「国家総動員法」が成立し、その結果、民間の軍需工場は国家を頂点とする軍隊組織に編成されていきました。米軍は川崎が重要な軍需工業地帯であることを把握していたのであり、ルメイ将軍による、市街地への無差別絨毯爆撃が始まることになったのです。

写真１―２
東京航空計器正面（児林嘉五郎氏提供）
出所：『川崎・中原の空襲の記録』（川崎中原の空襲・戦災を記録する会）

2）なぜ市街地に無差別爆撃か

現在平和公園となっている場所には、東京航空計器という戦闘機の自動操縦機、航空計器などを製造した軍需工場があり、大空襲で壊滅的被害を受けました。そこの屋上には機関銃が据えられ、井田山には大きな避難用の防空壕さえ持つ軍需工場でしたので、周到な焼夷弾攻撃を受け、市内で最初に火の手が上がったと言われています（写真1―2）。

この空襲の凄まじい様子を見た地域の住民は、軍事関係施設があると真っ先に攻撃の対象になると実感したに違いありません。そして、その実感は戦後の平和な地域を求める気風と繋がっていったのです。

（2）軍需工場が軍事基地へ　そして、「中原平和公園」に

1）軍需工場が米陸軍極東印刷センターへ

東京航空計器の敷地は一二万平米でしたが、終戦直後の一九四五年九月に米軍により工場引き渡し命令が出され、接収されました。それは、この場所の広さが十分であったことと、この地が南武線と現在の東横線が交差する交通の便の点から選ばれたのでしょう。マニラから米陸軍出版総局が移転してきました（写真1―3）。五二年には安保条約、行政協定が施行

され、米軍基地になっていましたが、五四年に、国が土地と建物を買い取り、国が米軍に提供しました。

そこでは、『交流』などの米軍機関誌だけでなく、朝鮮戦争やベトナム戦争時に偽札や宣伝や謀略「ビラ」なども印刷されました。しかし、ベトナム侵略戦争でのアメリカの敗色が濃くなるなかで、その役割は縮小していきました。

2）基地をなくす動きが強まる

米軍基地があるが故の殺人事件も五〇年代に起こっていました。米軍基地返還運動の始まりは六四年で、川崎市は米軍の接収を解除し、跡地を公園として使用できるようにと、大蔵大臣への陳情をしました。保守の市政がこのような動きをしたのは、戦争に対する忌避感は保守にもあったことと、川崎大空襲の傷跡とその記憶が生々しく残っており、「軍や戦争に関係するものはごめんだ」という気持ちが住民のなかに強くあったからでしょう。

翌年、川崎で「アジアの平和のための日本大会」が開かれ、川崎もベトナム侵略戦争に深く関わっていることが明らかになり、本格的な返還運動が始まったのです。

写真1—3　米軍極東印刷所
出所：『川崎・中原の空襲の記録』（川崎中原の空襲・戦災を記録する会）

こんななかで、大きな転機となったのが、六七年に米軍将校夫人の車に東住吉小の児童が轢き殺された事件でした。「地位協定」などもあり、謝罪や補償などなかったでしょう。これに怒った労組や平和・民主団体により実行委員会が作られ、町内会やＰＴＡなども協力して、小学校の前に歩道橋を作る運動がおこなわれました。その時、橋脚部分が基地のなかになることが分かりましたが、一年半かかって日米合同委員会でその部分を含む基地の一部返還を認めさせたのでした。

六九年に市議会は、米陸軍出版センターの撤去を求めた請願を採択し、外務大臣などへ提出しました。「この地域は住宅密集地であり、米軍施設の存在は市民感情としても都市計画としても極めて遺憾である。接収の長期化は困る。」と、早急な撤去を要請しました。だが、政府はその要請に応えませんでした。

３）高校増設運動も加わり、基地が「中原平和公園」と県立高校に

そこで川崎市は、二ヵ領用水の改修のため、二ヵ領用水北側の基地の返還を申し入れました。基地があるので改修工事ができず、「夏など臭くて窓も開けられない」という苦情が住民から出ていたからです。その結果、七二年にその部分の返還が決まり、「中原公園」として子どもが入って水遊びもできる池もある「はだしの広場」になりました。

さらに、七〇年初頭から高校増設運動がおこり、基地返還運動と連動して、「基地全面返還、跡地に高校と公園を」という運動として発展しました。神奈川県議会に一万六〇〇〇筆の署名で請願し、翌年採択されました。一〇〇万都市川崎市に県立高校が五校しかなく、高校進学が深刻な問題となっていたのです。

七四年には、先の住民が「米軍印刷センターの早期返還で県立高校を」という請願を国会に提出しましたし、市議会も全面返還の意見書を総理大臣などに提出していきました。さらに、川教組、市PTA協議会、「民主教育を進める会」が一五万の署名をもって、政府に基地の全面返還を求めました。川崎市も同様の陳情をしました。

一九七三年にベトナム侵略戦争が終わると、基地の重要度は低下して行き、七五年に市長名で返還を要求すると、出版センターは韓国に移転し、基地の全面返還が実現したのです。神奈川県は高校建設の工事を一〇月から始め、八〇年四月に住吉高校が開校されました。

写真1—4
「中原平和公園」出会いの広場
出所：『「平和をきずく市民のつどい」30年のあゆみ』（30周年記念誌編集委員会）

さらに、八〇年二月に川崎市が既設の中原公園と木月住吉公園を統合する都市計画を計画すると、松元泰雄さんら周辺住民は「みんなの平和公園を！」と会を作り、平和の母子像、野外音楽堂などを実現し、八三年六月に「中原平和公園」（写真１—４）として開園しました。戦後三八年が経っていましたが、こうして米軍基地が平和公園に生まれ変わったのでした。

２　市民参加で平和都市づくり　平和館建設へ

前章で米軍基地返還が実現し、そこに「中原平和公園」が開園したことを述べましたが、川崎を平和な都市にしていこうと、「連絡会」（多摩区の佐々木千代松さんら）が市長に「平和都市宣言」をするよう八二年一月に要請していました。すると、革新市長であった伊藤氏は、八二年六月八日に「平和都市宣言」を全国に発信しました。その柱は、恒久平和を求め、核兵器の廃絶と軍縮及び非核三原則の遵守を求め、世界の世論を喚起するために核兵器廃絶平和都市になると、宣言しています。

私たちも、川崎市にさまざまな働き掛けをし、提言や提案をしていく、市民参加で平和な都市を造って行こうとしました。この精神は、平和館建設にも引き継がれていきました。

（１）平和館建設求めて、「平和のつどい」始まる

「連絡会」は「平和都市宣言」を歓迎し、直後の八二年七月に「平和資料館の建設、そこで

の、広島・長崎の被爆や戦時中の遺品、写真等の資料の常設展示」を要請しました。さらに、「市民参加の平和研究組織の設置、市の予算に平和予算を入れること」などを求めています。平和公園に広いスペースがあり、そのなかに平和のセンターとしての平和館があってもいい、との考えからの提起でした。

また、その目的を実現するための中心的行事の一つとして、「平和のつどい」を八四年から始めました。その構成は、「連絡会」、「川崎文化会議」（須田輪太郎さんら）、地域史研究家（嶋村龍蔵さんら）、被爆者（箕島敏江さんら）、「学童保育連協」などでした。「平和のつどい」は毎年「宣言」記念の月の六月に開かれ、その時どきの戦争と平和の問題を取り上げ、平和のために必要なことを川崎市などに要請し続けていきます。

（2）「平和館建設構想」と「連絡会」

そういう遣り取りのなかで、八六年一二月に川崎市は「平和館建設構想」を発表しました。そこで「連絡会」は、早速八七年二月に「八項目の要請」（市民参加、運営委員会を公募制に、資料収集は行政関係だけでなく、国内外の反核平和団体の情報も集める、「建設調査委員会」の「答申」へ市民の意見を入れるなど）をおこない、「構想」に賛意を表しつつ、より良い平和館のために熱く活発に働きかけを始めました。

川崎市により平和館建設準備のための「平和館建設調査委員会」が設置され、東大名誉教授で著名な憲法学者の小林直樹氏が委員長になりました。私たちの働き掛けもあって、「建設調査委員会」の「答申」のなかに、運営委員会への市民参加などが盛り込まれました。また、「答申」と計画立案の間に市民の意見を聞くことについては検討すると市は約束しました。

(3)「建設調査委員会」の優れた見識

小林氏を先頭とするその委員会は、九〇年に委員会の「平和館運営等の在り方について」という「答申」を出しました。「答申」はこう述べています。戦後四〇年余りを経過し、戦争の惨禍の記憶や反省が薄らいでいるが、今こそ戦争の悲惨さと平和の尊さを伝えていかなければならない、こうした時期に、平和推進事業の拠点として、市民の平和意識の啓発・向上と行動の喚起に資することを目的とする平和館の建設は、まさに時宜を得たものというべきである、と。

また、「展示の基本的考え方」として、市民・見学者の理解と探究を促すために、「平和」と「戦争」の双方を明らかにしながら展示をおこなう、世界各国の核兵器の配備状況について取り上げ、世界が直面する危機を具体的に捉えることができるようにする、としており、委員会の歴史認識の鋭さが窺えます。

「常設展示の具体的な構成案」になるとさらに素晴らしく、①戦争と人間で、一、川崎大空襲を入れ、二、日本と戦争では、明治時代以降、日本は数多くの戦争を重ねてきた、その都度国民は甚大な被害を受けると共に、日本はアジア諸国に対し加害者の立場にあったことも歴史的な事実であるので、日本が関わってきた戦争の実態を客観的に把握できるようにする、と述べています。この記述は三〇年たった現代日本の状況を見通していたかのようで、一層輝いて見えます。

さらに、②戦争から平和への「核をめぐる状況」で、現在世界が抱える最も重要な問題として、核兵器の配備状況を捉える、広島、長崎の原爆被害とその後遺症によってどれだけ多くの人々が長年にわたって苦しみ続けているかを示す、としています。③では、憲法の目指す平和的生存権の理念に立って、平和な社会を実現していくために、何が障害になっているか、何をなすべきかを考える、としており、その見識の豊かさが分かる内容となっています。

平和館の展示や運営が、このような「答申」に裏打ちされていることが、平和館が「平和都市づくり」に着実に取り組める土台になっているのです。

(4) 川崎市の平和都市づくりの営為

「平和都市宣言」の精神に則って、川崎市も平和都市づくりに向けてさまざまな努力をしています。「平和都市宣言のつどい」や「憲法のつどい」を開催したり、「巡回平和展」をおこない、市内各区で原爆平和展を開催しています。また、館内の展示も戦争や原爆関係の専門家の協力も得て、「答申」に沿う歴史認識に立ったものになっています。

また、『平和ノート』を発行し、世界的な視野をもった情報を盛り込み、市民へ伝達してきました。施設の点でも、「平和都市宣言記念碑」の設置をおこなっていますし、世界各国の姉妹都市の彫刻家を集め、彼らの作品を「平和の彫刻」として平和公園内に多数展示しています。

⑸「平和館建設計画」修正と「平和のつどい」・「連絡会」

八八年二月に市議会で「平和館建設計画」が承認された後、七月に「平和館建設計画の概要」（「第一概要」）が突然発表されました。「概要」の市民に対する説明会も開かれる様子がありませんでした。

そして、この「概要」は、建物に関しているものが多かったのですが、私たちの市民の意見を取り入れた点がほとんど無く、使い難いものでした。例えば、建物の形はスペースシャトルであり、それが平和に相応しいのかという疑問も出ましたし、館内に円柱の展示スペース（なぜ円柱形かわからない）があり、且つ舞台としても使えませんでした。映像や音響の設備もありませんでした。これは、民間委託した企業との関連でこういう結果になったと考えられます。

しかも、この「概要」が既定のものとして建設が強行されそうなので、独自要求を対置して、市に変更を迫る運動をすることが「連絡会」で確認されました。そして、九月に、第一回「平和館問題学習会」で元建設調査委員長の小林直樹氏を迎えて「答申」の学習をしました。

この学習会に元委員長の小林直樹氏が参加してくださったことは、その後の平和館の内容づくりの点で、市民参加の下で提言や提案をしていき、それを実現していく上で大きな力になりました。そして、小林氏が行政と市民との間で板挟みになるのも恐れず、講師となってくださったことは、逆に言えば、「連絡会」に理があることを市職員にも知らしめたのでした。

「連絡会」は、学習会に基づいてまとめた「第一次要求」に基づき、平和館問題で対市交渉をしました。重点は、一、市民の意見を聞く、民間委託しっぱなしにはしない、二、市内の地域史の研究者と連携し、川崎の戦災空襲に関しては、全貌をあらゆる面から迫って明らかにする、三、運営委員会を市民参加で、四、行事に使える舞台を作る、などでした（スペースシャトルの建物の形は、この時にはすでに現在の箱型に変えられていました）。

また、「連絡会」だけでなく、広く市内の平和、民主団体を対象に市主催の説明会を開くことも求めました。すると、八九年一月に、第一回市主催説明会があり、「平和館建設の第二次概要」が発表されました。円柱構造の使いにくい展示ステージは、ステージに改められ、音響、照明装置が設置され、舞台として使えるようになり、児童室の拡大など市民の要求も入れられました。

この初めての説明会のもう一つの成果は、市内の主だった平和・民主団体が「平和館」の件で初めて一堂に会したことでした。これ以降は、各団体は共同で要請などをするようになりました。つまり､平和館の問題は､説明会に参加した団体に関しては､「私たちの(平和館の)問題」になったのです。

(6)「建設調査委員会」の「答申」を生かす「連絡会」・「平和のつどい」

1) 市民参加が生きる

九〇年二月に市議会は「平和館建設促進」を全会一致で決議しました。それを受けて、三月に、市内の平和・民主諸団体は、第一回「私たちの平和館を！ 市民のつどい」を開き、市民の意見、提案を纏めようとしました。対市交渉に向けて、私たちが対案を持つことが必要と考えたからです。

「平和館と教育との関わりを太くしたい」、「戦争にどう巻き込まれていったのかや加害の問題を明らかにしたい」、「川崎の旧陸軍登戸研所ではあらゆる加害の研究がおこなわれたが、その資料も平和館に展示したい」などの意見がでました。これらの発言者は、その後の市との交渉で、先の言葉を熱く語りました。「平和館のつどい」は五回ほど開かれ、その都度市と協議をしています。

そんななかで、八月に「平和館運営等準備委員会」が開催されましたが、小林直樹氏が再度委員長になっていました。尤も、市が「答申」の内容を実現しようとするなら、妥当な人選であったと思います。しかも、須見正昭（「連絡会」）、坂本正弘（「原水爆禁止川崎市協議会」）、間島快子（「川崎市女性連絡協議会」）、「原水爆禁止連絡会」など各氏が平和・民主団体の代表として「運営委員会」に参加できたのでした。

「運営委員会」自身が市民も要求したものでしたが、そこに平和・市民団体代表が参加したことは全国にも誇れるものでした。先の「準備委員会」の「展示ついての答申」と「運営についての答申」や市民参加の「運営委員会」の存在などは、核兵器廃絶や平和のための学習と運動の拠点たる平和館の展示や民主的管理運営の方向を確固としたものにしましたし、現在もその役割を果たし続けている原動力になっているといえます。

２）「平和館」が「条例」を伴う意味

広島や長崎の資料館は別格として、平和館が条例を伴っていることは多くありません。川崎のように平和館が条例を伴っていると、時どきの市政の在り方によって平和館の運営や展示内容などの歪みが出ることを防げるのです。川崎市の平和館が「平和都市宣言」の精神に則り、平和都市づくりに役割を果たし続けているのも、「平和館条例」を持っているからである面は確認しておく必要があるでしょう。

一二月には「平和館条例」は可決されました。その条例は、平和館の目的に「平和を希求する市民相互の交流及び平和活動を推進し、もって平和都市の創造と恒久平和の実現に寄与する」と記されています。また、館の事業内容（○平和運動の交流の場となり、○市民の運動を支援する、○調査研究を進める、など）に市民の意見も反映されています。

こうして、九二年四月一五日（「川崎大空襲」があった日）に平和館（写真１―５）が無事開館しました。全国からの来館者も含めて、四〇日で一万四〇〇〇人が来館しており、少なくはありませんし、学校の見学会や修学旅行生、他の行政からの視察も多いといいます。

写真１―５　平和館
出所：『「平和をきずく市民のつどい」30年のあゆみ』（30周年記念誌編集委員会）

こうして、市民参加を求める民主的な川崎市政の下で、運営委員会に市民が参加し、その下で「答申」に基づく平和館の運営が問題なく続く状態になりました。

3 「平和な地域づくり」へ 平和館を支える

(1)「平和のつどい」・「連絡会」の努力——その1

平和館の運営に関してはしばらくは問題はない状態でしたが、市政全体では変化が起こっていました。

九二年九月に「都市づくり」の「新総合計画素案」が出されましたが、「都市像」に関しては「産業都市」「情報産業都市」などの言葉はありますが、「平和都市」はありませんでした。疑問を持った「連絡会」は勉強会を開き、意見を纏めて川崎市に要請しました。

具体的には、一、「都市像」に「平和都市づくり」を入れる、二、課題のなかに「平和都市宣言」の一層の具体化を入れる、などでした。

しかし、全体の計画には「平和都市づくり」は入ったにしろ、産業の更新、拡大という全体の基調はあまり変わりませんでした。そんななかでも、平和館の運営や平和施策に関して、大きな歪みが持ち込まれなかったのは、一、「平和都市宣言」と先にもその役割を述べた「平和館条例」があり、二、館の運営の基本に「準備委員会」の展示と運営に関する二つの「答申」があり、三、館の運営委員会に平和・市民団体の代表が入っていた、ことなどが力になっていたからと考えられます。

（２）「平和のつどい」・「連絡会」の努力――その２

❶平和館の運営はそういう事情から比較的安定的に運営されていきましたが、そんな時だけではありませんでした。

二〇〇九年に、過去の戦争の歴史的事実を歪曲・否定し、日本の侵略戦争とアジアの諸国民への加害の事実を否定し、それを「大東亜戦争」として正当化し美化する歴史修正主義に立って、平和館の展示を全面的に見直すように、との陳情がなされました。また、川崎市議の一人は、議会で、平和館の展示を間違っていると攻撃しました。具体的には、①盧溝橋事件は中国共産党のスパイによる、②東条英機は主戦論者ではなく、最後まで平和交渉をおこなっていた、③旧日本軍は中国に化学兵器を放置したことはない、旧ソビエト軍に引き渡した、と言うのである。

❷こういう動きに対して、「平和のつどい」は平和館をバックアップし、歴史の真実を明らかにすべく、「歴史学習会」を開き、市民や行政にアピールを発しました。

姫田光義氏（中央大学名誉教授）は「平和のつどい」のプレ企画「平和館が危ない！歴史学習会」で、彼らを徹底的に批判し、歴史の真実を示して平和館の展示を擁護しました。

彼は言いました。戦争中の行動の美化については、日本の戦争に加担・協力したアジアの一部の「支配者」の言を取り上げ、それが恰もアジア全体の人々の評価であるかのごとく紹介する詐術であること、過去の歴史的事実をきちんと認めること、その上で侵略行為を反省することは「自虐」ではなく、日本人の謙虚で真摯な姿勢を示すことなのです、と。

大図建吾氏（「登戸研所保存の会」）は、市議の攻撃に対して、①の議論は、戦前から言われていたことであるが、それは南京虐殺否定論で有名な右派歴史家も根拠なしとしていること、②は、東条がやっていた交渉は、満州国などのそれまでの侵略の成果を承認せよというもので、受け入れられるはずが無い要求を開戦準備が整うまで続けていたにすぎないこと、③は、当時七三一部隊の犯罪の証拠を必死で隠そうとしていたなか、国際法違反の化学兵器をソビエトに差し出すなど常識的にもあり得ないこと、と厳しく批判しました。

そして、当の市議本人にもその批判を送り、マスコミにはもちろん、市長や市議会、市教委にも送ると、川崎市も彼の議論を相手にしなくなりました。こうした「平和のつどい」の努力などで平和館の展示の真実が守られたのです。

(3)「平和のつどい」・「連絡会」の努力——その3

平和館の開館後二〇年経つと、風化しつつある被曝・戦争体験を次世代に伝える必要があるとの声が高まっていましたが、他方、戦争体験者は減少していました。さらに、核兵器をめぐる世界の動きの反映といった新しいニーズも出て来ているなかで、展示を更新するために「平和館展示検討委員会」が二〇一〇年一〇月に設置されました。

「連絡会」は前もって開いた「学習会」での意見を纏め、「検討委員会」が設置されたことは評価しつつ、いくつかの提言をしました。その基本は九一年、九二年の「建設調査委員会」の「答申」を再確認することでした。

それは、

❶ 市内で川崎大空襲の記録の掘り起し、旧陸軍登戸研究所や蟹ヶ谷通信基地に関する調査委・研究の成果を平和館の展示に組み入れること。

❷ 「展示検討委員会」に、登戸研究所資料館の館長、地域史に詳しい方や研究者を加えて、展示の具体化を図ること。

❸　国家による戦争に動員され、巻き込まれて被害を受けているのが国民だということを明示し、その上で、戦争行為によってアジア諸国民に多大な被害を与えた反省を明らかにすること。

❹　その反省の上に立って日本国憲法が制定されたことを明らかにし、二度と戦争はしないということが子どもたちに伝わるようにすること。

などです。

このような提言の結果、歴史研究者や平和館運営委員と展示に関する専門家として市民ミュージアムの学芸員が「展示検討委員会」に加わったのです。そして、そのせいもあって、現在も「答申」に則った展示がなされているといっていいでしょう。

このようにして、「平和のつどい」・「連絡会」は、平和館が平和都市づくりに積極的役割を果たせるように、具体的な提案をして平和館を盛り立てて来たのです。

4　文化面での平和づくり――時代を斬る講演、平和の文化の意欲的創造――

(1)　時代とともに、時節に抗して

「平和のつどい」では、平和に関する講演を毎回必ず入れ、市民が勉強する機会を提供して

きました。日本の戦争と平和に関わる現状を批判的にきちんと知り、その上で声を上げ、行動できるようになって欲しいからです。「平和のつどい」は、時代とともに、且つ、次節に抗して講演内容を決定してきたのです。

そして、講演内容などに基づき、日本や川崎の現状に対してアクティブに働きかけてきました。特徴的なものをいくつか挙げておきます。

❶湾岸戦争が起こった時には、九二年六月に「建設調査委員長」でもあった、憲法学者の小林直樹さんを招き「ＰＫＯ法案と憲法」で自衛隊海外派兵問題を取り上げ、強行採決された国連平和維持活動（ＰＫＯ）協力法案を鋭く批判しました（写真１—６）。そして、政

写真１—６　「平和をきずく市民のつどい」で講演する小林直樹さん
出所：『「平和をきずく市民のつどい」30年のあゆみ』（30周年記念誌編集委員会）

府は専守防衛をする組織だからと自衛隊を存続させてきたが、その法案はその根拠さえ否定するものであると告発しました。

❷

二〇一〇年には、「平和のつどい」は、オバマ大統領のプラハでの演説「核兵器のない世界」に賛意を表し評価しながらも、英文で親書を送り、「核密約問題」と「普天間基地撤去問題」に関する沖縄と私たちの決意を英文で提示し、オバマ氏の決断を率直に要請しました。

(2) 講演内容などに基づく日本や川崎に対するアクション

別項でも述べましたが、「連絡会」や「平和のつどい」は、戦争遺跡や防空壕などを戦争に関する負の遺産と位置付け、その保存と研究成果を確保し、それらが平和館で展示されるように努めて来ました。

旧陸軍登戸研究所の保存に関しては、九三年の「平和のつどい」で「登戸研究所と七三一部隊展」(丸山マサ子さんら)がメインになり、「保存する会」によって発掘、調査の報告や七三一部隊の中国における人体実験や謀略の数々の報告などがなされました。そして、その後登戸研究所は明治大学の資料館として保全されましたし、その資料、研究成果は平和館の展示にも生かされています(写真1—7)。

また、蟹ヶ谷の地下通信隊基地に関して川崎市と話し合い、それが文化遺産であることを確認してもらい、公園緑地法などを使って業者の開発を止め、現在も存在し続けています（調査、研究は不十分ですが）。

（3）創り上げる力抜群の人々

「平和のつどい」の構成メンバーに関しては、文化面でも特徴があります。京浜協同劇団や川崎文化会議がその土台として存在してきたことが大きいといえます。つまり、そこに所属している文化人が、自分の発想で新たな構成劇や構成詩などを創り、或いは、平和をテーマに作曲をして、それを持って「平和のつどい」に参加したのです。自分の持っている芸術で参加し、平和を築いてきたのです。

そのジャンルは多様であり、劇作家の神谷量平さんは、八七年の「平和のつどい」で八っあん・熊さんが登場する創作落語「長屋の反核署名」で平和を訴えましたし、また、「長崎のペテロ」という詩を書き、音

写真１―７
ニセ札を印刷した第三科の建物。現在も明治大学（生田校舎）の構内に残っている。
出所：『陸軍登戸研究所』（旧陸軍登戸研究所の保存を求める川崎市民の会）

楽家がそれを琵琶の曲にして「平和のつどい」で上演されました。私は、落語で核兵器廃絶を訴えるということに驚くと同時に、創作、創造は無限なのだと恐れ入ったものでした。

八七年には、漫画家の早瀬二朗さんが、『俺は広島のきのこ雲を見た！』と、自分の体験を、模造紙を張ったベニヤ六枚ほどの大きなボードに黒の絵の具で即興で漫画を描きました（写真1―8）。短時間で広島での原爆に因む物語を書き出した技量と、漫画なのにその迫力に観衆はびっくりしたものです。

九五年には「私たちの街から戦争が見えた」（渡辺賢二原作）に音楽関係者や団体、歌手や朗読集団が参加しました。渡辺さんは旧陸軍登戸研究所を発掘し、調査研究を生徒と一緒にし、その地をみんなの力で資料館に変えた方です。彼の原作を構成劇にするために、劇作家を含め多くの人々が集まったのです。

「萬華鏡の会」（川村照枝さんら）が「子どもたちに伝えたい　平和の大切さを　いのちを

写真1―8
「俺は広島のきのこ雲を見た！」漫画家の早瀬二朗さん
出所：『「平和をきずく市民のつどい」30年のあゆみ』
（30周年記念誌編集委員会）

育む大地に　花咲く喜びを」と群読すると、「僕の知らない歴史を教えて　何十万という人々の命が燃え尽きて　すくいきれない涙の河に押し流された」と吉川敏男さんは歌いました。「川女連」の間島快子さんは、大空襲の夜「幼子を抱えて逃げまどい、河原に逃げた時、いきなり機銃掃射を受け、その恐ろしさ、悔しさは今でも脳裏に焼き付いて離れない」と、証言しました。

二〇〇四年には、ビキニ被爆五〇周年の年、第五福竜丸のビキニ環礁での水爆実験による被曝を扱った「西から昇る太陽」を今野鶏三さんが構成劇にし、その朗読を「麻の実」がおこないました（写真1—9）。ビキニ被爆の話が出て三ヵ月後、それを構成劇にできる今野さんのような芸術家が「平和のつどい」を支えているのです。

（4）子どもたちも活躍

九七年には、沖縄戦から逃れ、川崎に来ていた米須君が、空襲を逃れて大山へ学童疎開をしましたが、そこで彼一人だけ米軍の爆弾で死んでしまいました。川崎の大空襲が沖縄戦とも結びついたのです。その事件を神谷さんが

写真1—9
構成劇「西から昇る太陽」（今野鶏三作）
「麻の実」の朗読
出所：『「平和をきずく市民のつどい」30年のあゆみ』（30周年記念誌編集委員会）

劇にし、瀬谷やほ子さんが演出し、写真家の小池汪さんがスライドにして、幻燈芝居「米須君一人」に仕上げました。

学童保育の子どもたちが「学童疎開児」を演じて重要な役割を果たしました。学童保育のお母さんが、「練習中はふざけてばかりいた子どもたちが、本番で大きな声で歌う姿を見るだけで、涙がこみ上げてきました。」と語っています。

写真1―10
19年ポスターの子どもたちの絵

資料1―2　シンボル

出所：『「平和をきずく市民のつどい」30年のあゆみ』（30周年記念誌編集委員会）

それ以外でも、ポスターやちらしになる応募作品のほとんどは子どもたちのもので、それを画家がポスターにします（今年のポスター参照（写真1―10、資料1―2））。また、舞台でも学童保育の子どもたちが毎年パフォーマンスを繰り広げますし（写真1―11）、問題になっている最中の「モリ・カケ」漫談を中学生が腹話術で繰り広げ、爆笑を誘ったこともありました。市立中学校の美術部による岡本太郎の「明日の神話」の模写も展示されました（写真

写真１—11　上：学童の合わせケン玉　下：パフォーマンスのしめ
出所：『「平和をきずく市民のつどい」30年のあゆみ』（30周年記念誌編集委員会）

1―12）。

（5）高校生も登場

高校生も舞台を盛り上げました。九〇年に「やってみようぜ！徹底討論！『今、若者たちは言う！』」と題して市内の高校生（川崎、法政、麻生、武相など）が集まり、「平和トーク」という形式で構成劇を作って、約八〇名が参加しました。二時間の受け持ちの時間で、バンド演奏をし、

写真1―12　「明日の神話」模写　中野島中学美術部

平和公園に舞台を作って

野外音楽堂を使って

写真1―13　若者の舞台上

出所：『「平和をきずく市民のつどい」30年のあゆみ』（30周年記念誌編集委員会）

構成詩も自分たちで書き上げ、群読をしたのです。彼らはこう宣言しました。「その平和への航海を勇気をもって推し進め、二一世紀という新しい時代を開拓していく高校生となることをここに宣言する 川崎に学ぶ高校生」（写真1—13）。

(6) 国際色も豊かに

中国の七三一部隊に関連して、中国の館長からお話を聞いたことは前に述べましたが、「平和のつどい」はそういう点で、世界的視野も持ちおこなわれてきました。

ユーゴスラビアで内戦が起こり、戦死者が多数出た時に、被害を受けている子どもたちや女性を救うために、昔リエカ市に住んでおり、今は麻生区に住んでいる、今時ミルカさんからお話をうかがいました。そして、支援する会や「平和のつどい」で集めた募金で不足している医療品などを購入して送りました。

また、ジャン・ユンカーマン映画監督には日本の平和憲法を語ってもらいました（写真1—14）。彼は、改憲の狙いはアメリカの戦争に日本が加担することである。憲法の交

写真1—14
ジャン・ユンカーマン映画監督
出所：『「平和をきずく市民のつどい」30年のあゆみ』（30周年記念誌編集委員会）

戦権の否認が無くなったら、アジア諸国が警戒し、軍備増強の悪循環になる、とずばりと指摘し、そして、「日本は謝罪していないというが憲法の存在自体が謝罪なのだ」とのチャルマーズ・ジョンソン氏の言を紹介しました。

国際的視点というなら、憲法を生かす視点から、「平和のつどい」の舞台で英文憲法九条を暗唱したりしましたし、川崎市の「平和都市宣言」を英文にして関係国に配布すべきだ、との提案を川崎市にしたのも「平和のつどい」でした。

おわりに——今後の課題も——

私たちの川崎での「平和都市づくり」は二〇世紀後半に大きな飛躍を遂げましたが、そんな時だけではありません。歴史修正主義など外部からの妨害だけでなく、川崎市自身が弱点を顕にすることも歴史のなかでは起こっていました。

その走りのようなものは九〇年代初頭の政策に関する項で述べましたが、二〇世紀になると、川崎市は共稼ぎの家庭とその子ども支援のためにおこなってきた「学童保育」を一般家庭の児童支援の事業と統合してしまいました。「平和のつどい」は学童とのつながりが強かったので、さまざまな活動を支援、指導する学童保育の復活を求めていますが、実現していません。「わくわくプラザ」は単なる放課後の居場所に過ぎず、子どもを成長させるための教育的指導はしていないようです。

さらに、〇七年になると川崎市は二二年間続けてきた「平和のつどい」に対する後援を、「憲法改悪反対」「教育基本法改悪反対」という「集会アピール」の表現を取り出し、「要綱」にいう「市の政治的中立性を犯す」おそれがある、との理由で拒否してきました。

私たちは、「平和都市宣言」を市民の側から応援しようとする「平和のつどい」なのに、なぜ後援を拒否するのかと迫りました。しかし、市はきちんとした説明はできませんでした。憲法改悪と改悪反対との「政治的中立」とはいったい何なのでしょうか。

そして、今度はこの内規である「要綱」と同じ内容のものが平和推進事業の「補助要綱」に入ってしまいました。市の後援に関しては、それは「便宜供与」という性格ですが、平和に関する行事などへの補助は、「平和館条例」に基づく市民が受ける権利ですし、行政にとっては市民に対する義務です。ことに関わりのある私は、このことが「蟻の一穴」にならないでほしいと考えています。

その後、私たちは市と粘り強く話し合いをし、日本の現状をよく知り、考え、議論することが「平和のつどい」の基本であることなどを確認し、市担当者の努力もあり、今年は市の後援を取れました。それでも、今の日本の現状を考えると、平和憲法、「平和都市宣言」や「平和館条例」をさらに周知徹底し、その具体化を図って行くことがますます重要な時代になっていると思います。そのことを一層自覚して、「平和のつどい」をさらに充実させ、川崎の平和都市づくりを進めて行きたいと考えています。

年表　川崎市『核兵器廃絶平和都市宣言』記念　平和をきずく市民のつどいの歴史

1982年 6月8日	川崎市が『核兵器廃絶平和都市宣言』を全国の政令指定都市に先駆けて発信した。その柱は、恒久平和、核兵器廃絶、軍縮、非核三原則の遵守。
83年	川崎市と共催を目指したが実現せず。
84年 11月	この年の集会名は「平和をきずく演劇のつどい」。劇団民芸が「リンゴ園日記」を上演した。反核区民の会連絡会が川崎市ボランティアセンターと共同しておこなう。市長メッセージは以来毎年あり。
85年 6月 （被爆40周年）	舞台メインは長尾正良氏講演『非核自治体と平和運動』と構成劇『核兵器を裁く国民法廷』この年より実行委員会を結成。この年より核兵器廃絶と平和のために、「集会宣言」を出す。
86年 6月	講演は長尾正良氏。中原平和公園の広場と公園内の音楽堂を使用したが、分散して失敗。
87年 6月	メインはマンガで語る『俺は広島のきのこ雲を見た！』（漫画家早瀬二朗氏）。記念講演福島新吾氏。「平和を読む」（万華鏡の会が群読）。創作落語「長屋の反核署名」あり。在日朝鮮人の団体青丘社も参加した。広場に舞台を設定して模擬店と一体になるようにした。
88年 6月	宣言記念碑前でのセレモニーをする。講演は熊倉啓安氏。学童連協の子たちがチアダンスで活躍した。区民の会連絡会・文化会議・生協・折り鶴の会が事務局団体になる。
89年 6月	講演は田沼肇氏。スローガンに「被爆者援護法の制定」「平和館の建設促進」が入る。メイン企画は市民がつづる構成詩『夏の雲』、マリンバ・薩摩琵琶の専門家も参加。
90年 6月	メイン企画は「やってみようぜ！　徹底討論！『今。若者たちは言う！』」で、市内の高校生（川崎・法政・麻生・武相など）が集まり構成劇を作った。お話は方言指導者の大原穣子さん。模擬店は毎年15団体前後。「平和館」に関する決議をして市に提出した。
91年 6月	スローガンに「平和憲法をみつめなおそう」が入った。メイン企画は「青空の下でやってみようぜ徹底討論２」で、若者はがんばりました。松本・松平さんの歌とトランペット、人形劇団ひとみ座の出し物あり。財政規模は約70万円。
92年 6月7日 「宣言」10周年	平和館が開館した。開館直後の川崎市平和館で開催。小林直樹氏の「ＰＫＯ法案と憲法」の講演し、ＰＫＯ法案反対を決議した。陸軍登戸研究所の話あり。
93年 6月6日	スローガンが「核兵器廃絶と平和憲法を世界に！」「子どもたちに平和な未来を！」「平和都市宣言の一層の具体化を！」「被爆者援護法の早期制定を！」と毎年同じようになる。「登戸研究所と七三一部隊」に関する展示（小池さん、法政平和研究会など）注目を集める。
94年 6月5日	米倉斉加年さん「大人になれなかった弟たちへ」と題し講演。ユーゴ内戦の被害者や子どもたちを支援するために今時ミルカさんが訴えた。ユーゴの子どもたちの描いた絵が展示された。海外派兵反対、平和憲法を守れなどのアピールもした。
95年 6月5日	構成劇「私たちの街から戦争が見えた」（原作渡辺賢二）に音楽関係者や団体、朗読者が参加した。折り鶴の会（被爆者）の記念碑除幕式が平和館南側でおこなわれた。
96年 6月9日	舞台は沖縄・基地・憲法を中心に多彩に構成された。沖縄舞踏、劇団民藝の「野火燃ゆる」が好評。ハンドベルや学童保育の「親子の太鼓」あり。「沖縄からのメッセージ」を上映。
97年 6月8日	幻灯芝居「米須君ひとり」（神谷量平原作）で大山への学童疎開を扱い、沖縄戦とも結びついた。演出瀬谷やほ子、スライド小池汪、ＦＭ川崎でも取り上げられた。学童保育の子たちが疎開児を演じた。
98年 6月7日	朗読と合唱の構成詩「千鳥ヶ淵へ行きましたか」（瀬谷やほ子演出）が感銘を与えた。ポスターとチラシの図案を初めて募集。反核アニメ「鶴にのって」を題材にした小学生の作品と「太陽と双葉」が採用された。インド、パキスタンの核実験に抗議し、新「ガイドライン」反対を決議した。
99年 6月6日	構成劇「憲法が危ない」が好評でした。元特攻隊員の信太正道さんの証言が重く響きました。小・中・高生による発言「私は広島を見た」が、新鮮な感銘を与えた。原水禁大会へ向けた平和行進を歓迎した。プレ企画で日吉台地下壕見学し、勉強しつつ、行動し、準備するやり方を始める。
2000年 6月11日	メインは構成劇「伊藤家の憲法」（作渡辺賢二、構成瀬谷やほ子、出演「麻の実」）が好評。川崎市に平和予算の増額を要求し、学童保育の存続を要請した。
01年 6月3日	「先生のピアノが歌った」（構成瀬谷やほ子）に朗読の会「麻の実」や高校生も出演した。金子みすずの詩の朗読が新鮮であった。大型紙芝居「坊さんになったカラス」が披露された。記念講演は石山久夫さんが「危ない教科書」と侵略戦争美化を告発した。
02年 6月2日 「宣言」20周年	９・１１テロ、次いでアメリカのアフガンへの戦争。浅井基文さんが有事法制の危険を語った。「この子たちの夏」（構成今野鶏三、出演「麻の実」）が上演された。川崎高校のＯＢバンドが好評。

03年 6月8日	アメリカのイラクへの戦争。大師高校吹奏楽部・KMCバンドが今年も好評。恒例の紙芝居は合唱団「ぞうれしゃネットワーク」とジョイントをおこなった。戦争体験者が「それぞれの『戦争』」を語った。歴教協渡辺賢二さん「教育基本法と子どもたちの未来」を語る。
04年 6月6日	アメリカのイラクへの戦争。ビキニ被爆50周年の年、第五福龍丸の被爆を扱った「西から昇る太陽」(構成今野敬三)が好評。講演は元乗組員大石又七さんで、熱を込めて核兵器廃絶を訴えた。
05年 6月5日	アメリカのイラクへの戦争。長崎での「恭子」の被爆体験を描いた大型紙芝居「いのちの音」が好評でした。「どうなる　平和と子どもたちの教育」と題して俵義文さん(教科書ネット)が講演した。スローガンに「被爆訴訟支援」がはいった。NPT再検討会議参加者の発言など多彩な舞台になった。
06年 6月4日	映画『日本国憲法』の監督ジャン・ユンカーマンさんの講演が注目を集めた。構成劇「いつか見た未来」が上辺だけの「平和」のなかで冒されていく生活、失われていくものを浮き上がらせた。
07年 6月3日	大塚太鼓で幕が開き、ブラスバンドの迫力で周囲を圧倒した。伊藤千尋さんの講演「世界から見た日本国憲法」は気迫がこもっていた。「旧陸軍登戸研究所」の保存を求めるアピールあり。川崎市が「平和のつどい」に対する後援を、「要綱」に言う、市の「政治的中立性を犯す」との理由で拒否した。
08年 6月8日	講演はきくちゆみさんの「だいじょうぶ?　日本の憲法」で、世界をテロと戦争の悪循環に導いた「9・11事件」の真相を報告し、平和憲法をアピールした。岡本太郎の「明日の神話」の模写(「中の島中学美術部」)が注目を集める。
09年 6月14日	劇作家篠原久美子さんの講演が文学面での反戦平和の動きを明らかにした。医療生協の「平和館が危ない」のパフォーマンスが注目された。プレ企画で「平和館が危ない!　歴史学習会」を実施し、姫田光義さんと大図健吾さんのお話で歴史の真実を学んだ。
10年 5月30日	「核密約」・安保50年に因んで小泉親司さんが講演。オバマ大統領に集会アピールの英訳版を送付し、核密約の廃棄、普天間基地の撤去を求めた。NPT再検討会議(ニューヨーク)参加者が報告。
11年 6月5日	上村英明さん講演「平和のために私達に出来ること」福島原発事故も扱い好評。いちばん星の合唱曲「無言館」が好評でした。開館になった「登戸研究所資料館」話あり。第2回「平和館が危ない」実施。
12年 6月3日 「宣言」30周年	アーサー・ビナードさん講演「どうちがう原発と原爆」。「つどい30周年記念誌」15000部発行。構成劇「平和のつどいの30年」(今野敬三構成)を上演した。留学生のベトナムの舞が美しかった。
13年 6月2日	講演で俵義文さんが、安倍政権の教育改革の危険な内容を告発した。いちばん星とKMCブラスバンドのコラボレーションが聴衆を魅了した。
14年 6月8日	プレ企画で映画「折鶴」が上映され、その映画の監督の有原誠二さんがお話した。メイン講演は、小林合同法律事務所の若手弁護士穂積匡史さんが憲法の話をしました。
15年 6月7日	プレ企画では平和館の展示の観察会。憲法学者小林直樹さんが講演で「立憲主義の点で日本が危ない」と告発。創作朗読劇「武力ではなく、言葉の力で日本国憲法を世界に」も気を吐いた。若者の司会が好評。影絵劇の「おと絵がたり」が初参加。
16年 6月5日	メイン講演は伊藤真さんの「安保法制と立憲主義・憲法」。沖縄辺野古基地問題の創作劇が上演された。中原平和公園から「ヘイトスピーチデモ」がおこなわれようとしたが、つどい参加者も含め1000名のカウンターの力でカウンターの力で、デモを中止に追い込んだ。
17年 6月4日	海外での戦争の実態と日本国憲法の意義を伊藤千尋さんが「市民を作る真の積極的平和」と題し講演。プレ企画で「いのちのもり高江」を上映。下田さんのシャンソンが初登場し、被爆2世の訴えがあり、共同通信の若者がアピールした。
18年 6月3日	プレ企画で被団協事務局次長の和田征子さんの「核兵器禁止条約」への国連の動きの報告は私たちを励ましました。講演は「あすわか」の弁護士武井由起子さんによる「立憲主義の現状と9条改憲の危険性」と題したお話でした。
19年 6月9日	舞台のメイン企画は「ゴローちゃんと語る　戦争と平和・憲法」と題してしろたにまもるさんが腹話術でおこないます。日本軍［慰安婦］問題、ヘイトスピーチ問題などのアピールもおこなわれました。

2019年4月　川崎市「核兵器廃絶平和都市宣言」記念・平和をきずく市民のつどい事務局

第2章

街中の樹林地保全の試み

町会と連携し、
行政の計画も活用して
旧井田山の自然を守る会
旧江川の水と緑を考える会

はじめに

ここで述べる井田山は川崎市中原区・高津区の両区に跨り、多摩丘陵の最先端部分に位置しています（資料2―1）。斜面緑地もある里山の景観が存在していましたが、そこが開発され消滅に瀕した時に、近隣住民が「自然環境保全条例」に基づき、二度に渡る四万人の署名を力に、保全を実現させせました。

井田山の運動は一九八七年ごろから始まりますが、このような運動がどのように発展

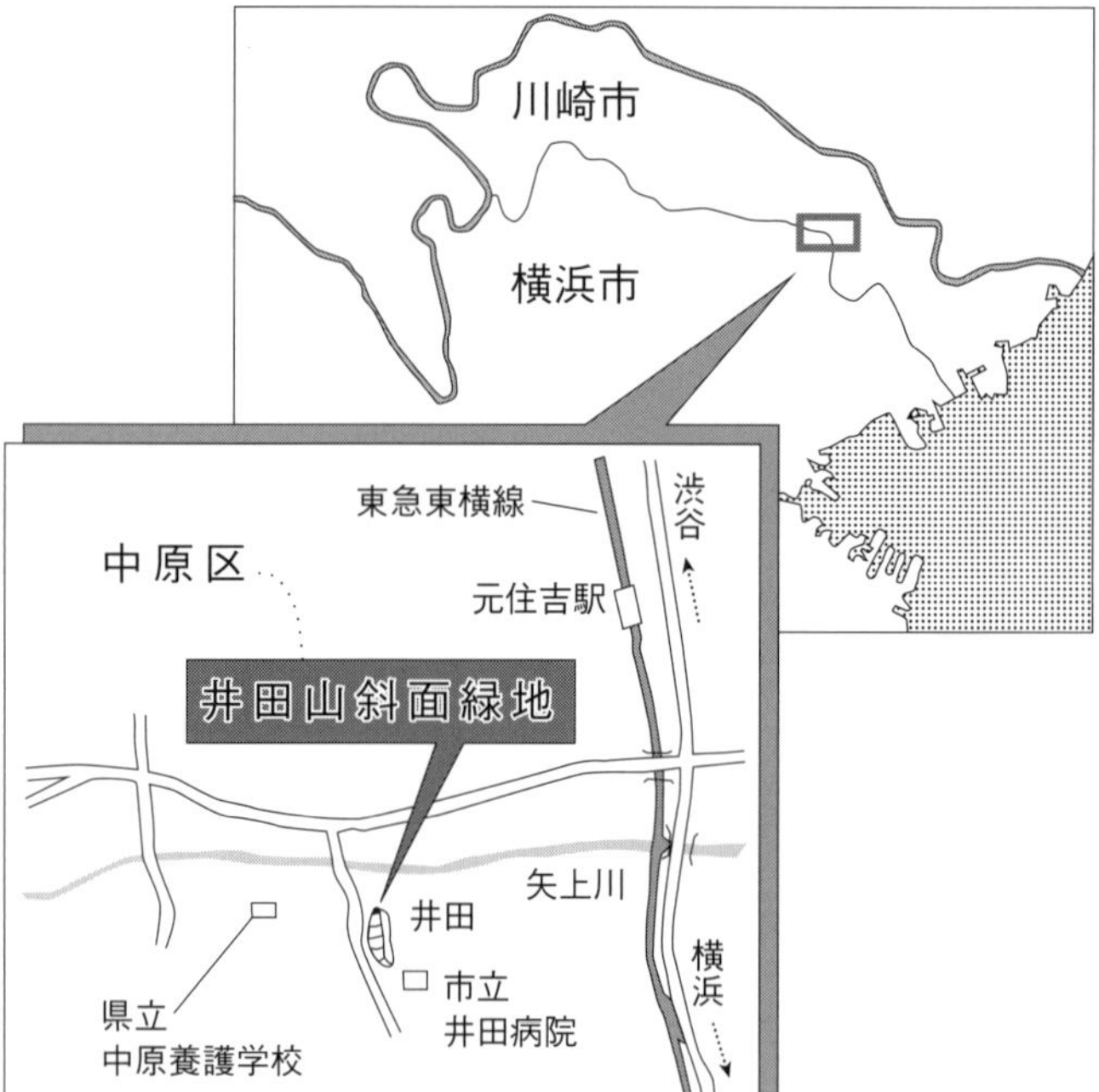

資料2―1

したのか、井田・下小田中という地域の山で住民が運動を起こし、成果を上げた運動の経過を追い、自然環境保全に繋がった努力を検証することは、都市における自然環境の保全の一例として参考になるのではないかと考えています。

1　井田山の自然環境保全運動の始まり

井田山は多摩丘陵の先端近くに位置し、嘗ての美しい斜面緑地はホタルも飛び、タヌキも住む豊かな生態系がありました。また、その雑木林は燃やしたり炭を作る木材の確保のためにきちんと手入れがされていました。しかし、こんな井田山にも開発の手が伸びてきて、一九八〇年代末にその斜面緑地は相続税対策とはいえ、二つの業者に売却されていました。山裾の住民は何年か前まで山の湧水で大根を洗い、流れにはシジミがいたし、夕方にはホタルが飛んでいたことを思い出し、また、市内各地で開発が進み斜面緑地や田畑の緑が次々と失われているのを知って、ここだけは開発から守ろうと声を掛け合って運動を始めたのです。グラフからわかるように、三五年間で山林は半分に減り、田畑は五分の一に減ってしまっていたのです。そのなかで、中原区のこの地域は、自然の樹林地が残っている地域として注目されていました（資料２―２）。

そこで、近隣住民は一九八八年に「井田山の緑を守る会」（以下「緑の会」）を結成し、井田の町会長さんを会の代表に選び、「井田病院に隣接する斜面緑地等を緑地及び自然環境の保全のために市で購入してほしい」と四五〇〇余の署名を持って川崎市に陳情しました。また、「川崎市における自然環境の保全及び回復に関する条例」に基づいて、この樹林地を自然環境保全地域に指定してほしいと申請もしました。

ところで、「緑の会」の会長が町会長であったことは偶然ではありません。会には、井田連合町会は直接には加わっていませんでしたが、連絡は取れていました。というのは、井田に「ひょっこりひょうたん島」で有名な人形劇団「ひとみ座」があり、地

川崎市の土地利用の変貌

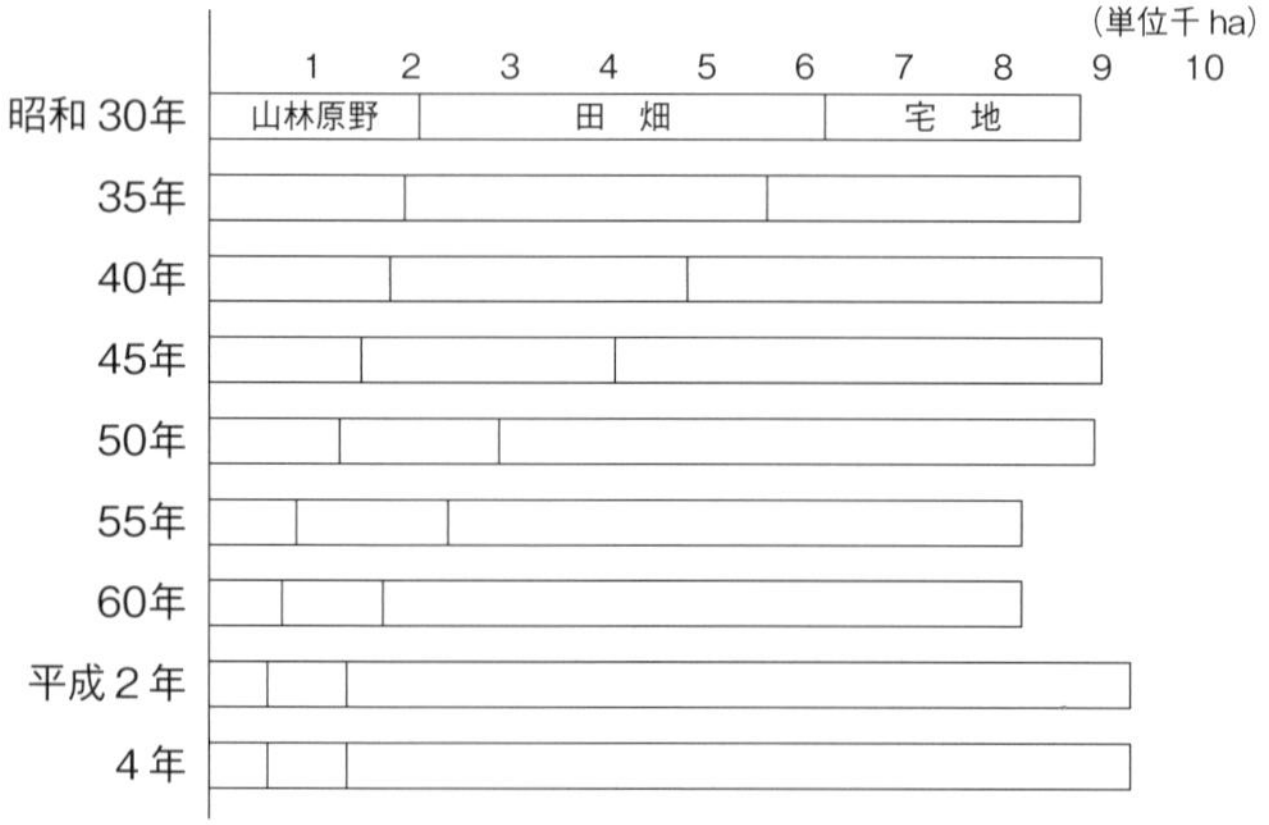

出所：川崎市　みどりと公園（平成５年度版）

資料２—２

域の人々と共に寄席の会をおこなっており、そこに地域の町会長さんや古老の方が参加していたからです。

そこからの手づるで、下小田中はもちろん中原区の北西側一四町会と明津町会が回覧板を回して署名に協力してくださったのです。こういう人の輪づくり、まちづくりが、会と町会との協力という面で力になっていたのです。

私たちは陳情や要請をした後、議会や委員会を必ず傍聴し、「保全審議会」も必ず傍聴しました。状況を見ながら審議促進の要請もしています。また、市の環境保全局の担当者と買い上げ促進の話し合いをしたり、市議会第二委員会の井田山視察の時には、激励や要請の意味も込めて出迎えたりもしました。業者へも市議会の買い上げなどの要請に応えるよう話し合いを繰り返しています。

2　井田山の運動が前進したわけ

1）できることを積み上げる

井田山の自然環境保全運動では、先に述べたように、一九八八年から「緑の会」が井田病院周辺の樹林地や緑地を開発から守り、保全する運動をしていました。東側開発業者に開発許可が下りるなかで運動は一次的に停滞していましたが、そんな時に業者の倒産などで工事協定が白紙に戻り、再度のチャンスが巡ってきたのです。

五年間にわたる「緑の会」の運動は、町会との連携の取り方、行政との連携や接触の仕方（時には励まし要請し、時には話し合い申請もする、時には批判もするなど）、業者との遣り取りの仕方（直接的な抗議行動もしたが、それよりも市を動かしながら、行政の正当な規定などを活用して、業者の強引な、不当な開発をさせないなど）など、運動に必要な知識と経験を分厚く蓄積をしていました。「緑の会」は井田山の保全運動の前哨戦を担ったのでした。そして、「緑の会」は、その人材的蓄積とともに、自然を守る大きな力として、組織全体での合流ではなかったにしろ、大きく合流し、「井田山の自然を守る会」（以下「井田山の会」）での斜面緑地の買い上げ実現の基礎を作った欠かせない存在だったといっても過言ではないでしょう。

2）村の有力者が会役員に

業者の動きがあったその時に、「緑の会」に参加・協力しており、山裾の湧水で「ホタルの復活」を考えており、また、「病院の隣に手回し良くお墓なんてとんでもない」と思っていた、「江川の水と緑を考える会」（以下「江川の会」）代表は、一九九二年に「緑の会」とも連絡を取って「井田山の会」を結成したのです。

それを力強く進めたのは、後に「江川の会」の代表委員にもなった方で、井田の町会長も経験していたので井田連合町会にも影響力があり、「する事が良ければ右も左も関係ない」との発言もしていた気骨のある方でした。そして、会長には、嘗て一部上場企業の社長を務めており、三五年程前に、どこか牧歌的な風情がある井田山の緑の多さに魅かれて引っ越して来た方がなりました。

このような役員の配置により、署名集めの時の町会などとの連携の時に、名士として役割を果してもらったのです。ここでも、「緑の会」が人的繋がりのベースになったことが分かります。因みに、会長は顧問をしている会社関係などから七〇〇〇名の署名を集めています。

3）地域や町会との関係を生かして

地域の繋がりで付け加えておきたいのは、人形劇団「ひとみ座」の存在です。「ひとみ座」は「ひょっこりひょうたん島」で有名な劇団ですが、地域に密着した活動を心がけており、新住民だけでなく、地元町会有志などと一緒に一九八〇年代に「ひとみ座寄席を楽しむ会」（以下「寄席の会」）を作り、寄席に会場を提供したり、親子夏祭りをおこなっていました。そして、この「寄席の会」に集まった人たちが、「緑の会」でも近隣住民を地元、新住民を分け隔てなく集める背景となったのでした。この面の町会との繋がりが、署名運動の力になったのでした。

4）不当な開発に地元寺院や檀家も怒る

西側の礼拝堂を建てようとした寺院の宗派は曹洞宗でしたが、その宗派の分寺を建てようというのに、地元の曹洞宗の安楽寺（私はその寺の檀家総代の一員）に何の挨拶もありませんでした。それで「江川の会」に協力していた寺の住職は「廟堂建設に反対」を表明しました。また、寺の檀信徒も猛烈に反発し、反対運動は一気に井田全体に広がり、さらに、下小田中、明津町会を巻き込む大運動になったのです。

「病院の隣に墓地なんて縁起でもない」との反感、分寺の建設を進める住職の悪い噂なども重なって、「貴重な井田山斜面を買い上げて緑地保全し、二一世紀の子どもたちに残し、街づくりに生かす」こと求める二度目の請願署名も再度四万人分を集めて提出することができたのです。

全市的な署名運動での経験ならありますが、井田・下小田中の小さな地域で四万人の署名を二度も集めた例はなく、約四万というその数は川崎市を動かす大きな力になったのでした。

５）川崎市の自然環境保全の努力

私たちは、その時どきの条件を生かして、買い上げ実現の努力を一貫して続けました。一九九三年に市は「川崎新時代二〇一〇プラン」という川崎市の自然環境保全と緑化の計画を持っており、多摩丘陵のまとまりのある緑の保全を図る、市域面積の三〇％に相当する緑の確保を目指す、という方針を打ち出していました。その具体化である「緑の三〇プラン」では、「井田山地区は緑と調和した医療・福祉ゾーンとしての充実整備を図るとともに、急傾斜地の安全性の確保を目指す。」としていました。また、九四年の「環境基本計画」成立のベースになった資料に、市内の山林原野や畑地の急減と「井田地区には、小規模ながら丘陵の斜面に、中原区で唯一の自然的樹林地が存在している」という評価が示されています。

しかし、九三年の段階では二つの業者は開発事前行為の申請をするなどまだ売却の動きはなく、買い上げが実現しないまま、九五年三月に請願七〇号は廃案になりました。

３　二度目の請願提出と業者の倒産で買い上げ実現へ

１）井田山の自然の貴重さを押し出す

第一次請願の廃案受けて、会はすぐに再度の請願の準備に取り掛かりました。今度は井田山の位置づけをより明確に打ち出しました。すなわち、この地は風致地区であり広域避難場所であること、かつ、医療・福祉ゾーンである井田病院や養護施設の隣接地で重要であること、地域医療の拠点である井田病院のために防災林は必ず必要であること、喘息の子どもたちの学校もあり、幼稚園や児童、生徒たちの自然生態系などの学習場となり、遊び場、憩いの場ともなること、などを明確にしました。そして、表題を、中原区で唯一残された「井田山の貴重な自然を　街作りに生かし　二一世紀の子供たちに残す」としました。

ところで、江川では親水緑道の「基本計画」が九三年にできていましたが、そのなかで建設緑政局は、新城の市街から井田山へと続く、江川の「せせらぎ遊歩道計画」の実現にとって、井田山の自然の保全は計画の重要な一環であると位置づけました。これは行政が以前にもまして井田山の自然を高く評価したことになり、井田山の斜面緑地の保全の請願に、他の地域の「江川の会」関係者や町会の協力が増して、多数の署名が確保された理由の一つとなりました。

資料2―3
「井田山の緑を残してほしい」と訴える井田山の自然を守る会の本田文彦会長（右）ら

請願一二号は九五年六月にふたたび約四万人の署名とともに提出されました。そして、会の中心メンバーは市の幹部に直接面会し、井田山の自然の貴重さと住民の願いを熱く語りました（資料２―３）。

２）できることはすべてすること

私たちは、市長への陳情や助役との交渉など、できることはすべてやろうということで、斜面緑地隣接の畑に地元建設会社の協力も得て「井田山の自然を守ろう　不当な開発は許さない」という大看板を建てました（資料２―４）。また、川崎市の不十分点を修正してもらおうと不服審査請求や廟堂建設の不当さについてやり取りなどをおこないました。さらに、九四年一一月には中原区議団と会が懇談会をし、請願採択を援助してほしいと要請をしています。

九五年七月には川崎市の公園市審議会委員（当時委員長）であり、千葉大、東工大の講師石川幹子さんを招いて「緑と防災の街づくり」という講演をしてもらいました。その要点は、

❶井田山の緑は都市化の最前線にあり極めて大切である。緑、水の保全は経済活動に必ずプラスになるから、行

資料２―４
「井田山の自然を守ろう　不当な開発は許さない」という大看板

政に正論を言い続けること。

❷ 阪神大震災では、樹木は倒れない、斜面緑地は崩れない、火を防ぐことが示された。身近に小公園を確保すると災害時に役に立つ。

❸ 今残っている緑を人命、財産を守る街づくりにどう活かすか知恵を絞れ、というもので、私たちへの励ましともなり、確信ともなりました。

3）業者の倒産で買い上げ実現

こんななかで、西側業者が倒産をし、しかも、開発許可申請を取り下げたので、九六年一二月に川崎市は請願に沿って土地の買い上げました。こうして、二度にわたって約四万名の署名の力と運動の力が相まって、九八年に川崎市により西側斜面緑地の保全が実現したのです。

ここでもう一つ付け加えたいのは、病院北側の樹林地が西側斜面緑地と一体に保全されたことです。これは井田山全体を保全したいという「井田山の会」の意識が無ければそうはならなかったでしょう（東側は、残念ながら業者と工事協定が近隣住民と結ばれ、斜面緑地は失われました）。

４　井田山とその後の住民の動き

１）井田山が「市民健康の森」に

一九九七年三月に西側斜面緑地の買収が終わり、その地域は「井田山緑地保全地区」に指定されました。そのなかで環境保全局は維持管理の基本部分は市がおこなうが、地域のボランティアに下草刈りなどの緑地の維持管理に参加してほしいと要請しました。山沿いの住民たちは早速下草刈りを始めました。そして、一九九八年四月には井田第四町会は緑地部を設置して維持管理に協力するようになっており、湧水の見守り、落ち葉掻きなど近隣住民と一緒におこなっています。

一九九八年に市の呼びかけにより、中原区でも「市民健康の森基本構想検討委員会」が動き出しました。そして、等々力緑地と平和公園と井田山緑地の三つの緑地のなかでは、「市民健康の森」の目的の「緑の保全と創造」「健康とレクリエーションの地」「コミュニティーづくりに寄与」に合致しており、水辺空間が復活する江川親水緑道とも一体となっているので、井田山緑地がもっとも相応しいので、〝最初の一歩〟として井田山を市民健康の森に整備していきたいと一九九九年四月に提言しました。

「中原全体を水辺と緑をはぐくむまちに」と提案しているのですが、緑地周辺の住民も一年間かけた生態系調査や緑地の活用計画立案などに参加・協力をしています。

２）住民が森を整備し、活用している

「中原区市民健康の森を育てる会」は現在、作業としては、池の手入れ、下草刈り、遊歩道の手入れ、樹木や花壇の整備をおこなっています。また、イベントは、ホタル観察会、ドングリ工作会、落ち葉掻き、冬鳥観察会などをおこなっており、蝶が好きな蜜の花畑や蝶の草原を作り、在来植物（カタクリ、やまゆり、彼岸花など）を守る努力もしています。井田小学校の二年生三年生の総合学習の援助もしています。

井田山の樹林地保全運動に関しては、旧「井田山の自然を守る会」の阿久沢朋子さんが一九九八年に作成した「井田山保全運動の年譜」を参考にしました。正確な年月日はその年表に依拠しており、内容の表現なども参考にさせていただきました。

第3章

どうすれば街中の水辺は甦るか

——川崎市・江川の取り組み——

旧江川の水と緑を考える会
森とせせらぎネット・ワーク
森とせせらぎ祭り実行委員会

はじめに

都市の丘陵では斜面緑地や樹林地が次々と宅地になって消失し、河川も生活排水などのため悪臭を放つようになり、暗渠化されて景観が一変することなどが日常普段に起こってきました。それで、自然の環境や景観を維持することは、都市に住む市民の強い願いになっています。では、どうすればそういう自然環境を保全したり、再生できるのでしょうか。

江川は、川崎市のほぼ真ん中にあり、南武線新城駅より矢上川までの二・四キロです。市街地にある河川なので、洪水対策のために箱型のコンクリートの川とされ、生活排水などのために悪臭を放つ、人の近づかない廃河川となっていました。そこに、洪水対策の雨水貯留管を埋設し、流域変更の高度処理水をその上部にせせらぎとして流すという計画を川崎市が立てました。その計画を住民が歓迎してバックアップし、「財政難」を乗り越えて完成させました。そして、緑豊かな水辺空間が復活し、それと共に桜並木の懐かしい昔の景観が蘇ったのでした。

町会と協力関係を持ち、行政とも手を結ぶこのような運動がどのようにしてできたのでしょうか。中原区の井田、下小田中という地域の江川で住民が運動を起こし、成果を上げた経過を追い、街づくりの努力を追ってみたいと思います。

１　桜を植え、桜並木で村おこし

井田、下小田中の地域には、一九五〇年ごろ、村の青年団が村に潤いをもたらすために、矢上川・江川の堤防に自分たちの力で桜を植え、自分たちで維持管理し、桜並木を作ったという歴史があります。後に「江川の水と緑を考える会」（以下「江川の会」）の代表になった方も、村会の年長者に引っ張り出されて桜を植えたことを憶えていました。一〇年も経つとそれらは立派な桜並木となり、村の住民がこぞってお花見を楽しんでいました。その光景を見れば、自分たちが地域を豊かにしたことが分かり、誇りともなったのです（写真３―１）。彼らは今でいう「村おこし」を担っていたのです。

運動を担った代表委員の多くはその桜並木を見て育ち、事務局メンバーの多くも子どもの時に、春ともなればその下でお花見を楽しんだのでした。井田、下小田中の桜並木は私たちの「原風景」となっており、青年団の話は誰もが知っていました。祖父・父親の世代が「村づくり」をし、その下で育った子や孫の私たちが、今「街づくり」に取り組んでいるのです。

村のためにできることをすることはいいことだ、という気

写真３―１　川崎市名所井田堤の櫻
出所：『東横沿線今昔写真』

持ちを当時の多くの村の青年たちが共有しており、封建的な面が残っていたにしろ、村会などもそういう気風を維持していたことは注目しておくべきでしょう。

というのは、戦後生まれの若者と考えが違うと、普段なら溝を作ったりする地域の長老たちが、三〇歳から四〇歳代の〝若者〟が中心となって始めた「江川の会」の運動に参加・協力をしました。それは、こういう歴史と経験、自分たちの体験があったからに違いありません。

2　せせらぎ計画はなぜ出て来たのか

しかし、時代は進み都市化の進展のなかで、矢上川や江川の流域の山林や田畑が宅地化し保水能力が下がると、洪水が頻発するようになりました。

この対策として、川の流量を少しでも増やすために、川は両方とも箱型のコンクリートの河川にされました。それに伴って、二〇年経って市内随一の「桜の名所」になり、地域の誇りともなっていた堤防の桜並木は、一九七二年にすべて伐られてしまいました（写真3―1）。山側だけでも残せないかという声があったものの、町会も中堅の世代も動きませんでした。

自分たちが植えた桜並木が伐られることは、誰も望まなかったでしょうが、市の方針に逆らうことも当時はあまり考えられなかったのです。行政としても、市内の名所となっていた桜並木を喜んで伐ったのではなく、洪水対策としてやむなく伐ったのでしょう。このことが彼らの心残りだったことは、地下に雨水貯留管を埋設する計画ができた時には、上部にはせせらぎ水路を作る計画に初めからなっていたことから分かります。

しかし、堤防の改修にも拘らず洪水が多発し、特に一九八二年の大洪水が起こると、市による下水道の整備が洪水対策を前面に計画されるようになりました。他方、余儀なく伐られてしまった桜並木の景観を復活させたい、との住民の思いは行政に伝わっていました。それで、市は、洪水対策として江川の地下に、五〇年に一度の豪雨にも対応できる、巨大な雨水貯留管を埋設し、上部には緑道を造り高度処理水をせせらぎとして流す計画にしたのです（写真３―２）。

生活雑排水の流域変更で、多摩川水系等々力水処理場の処理水の一部を鶴見川水系に戻す必要が市にはあったのです。どうせ戻すならと、一次処理水をさらに高度処理してせせらぎとして流すことを、市の担当者は一九八五年に計画したのです。

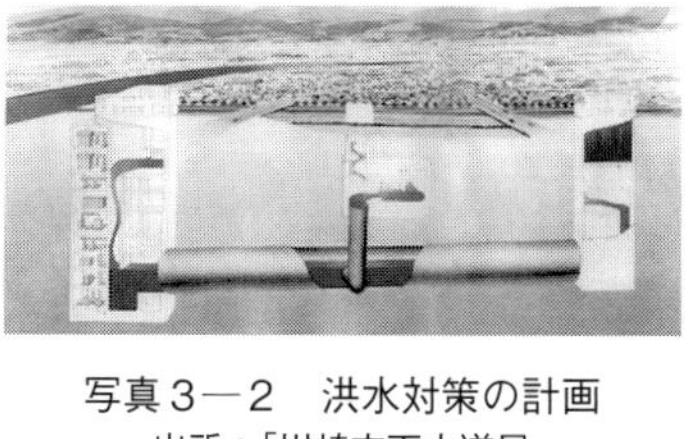

写真３―２　洪水対策の計画
出所：「川崎市下水道局
せせらぎ整備計画」

3　より良いせせらぎへ、地域に根差し、町会と連携して

私たちは、市の計画を聞いた後、一九九一年八月に「江川の会」を結成し運動を始めました。運動のなかで、町会と協力し、また、行政とも手を結び、提案したり後押しをしたりする関係になっていきました。こういう力が寄り集まって諸困難を乗り越え、「せせらぎ遊歩道」の完成を見たのです。そうなったのは、以下のような会の構成や性格、運動の仕方にあったと考えています。まず、私たちは、嘗てあった桜並木の復活、〝ふるさと〟と言うに値する住みよい地域にしたいという思い、緑豊かな水辺を復活させたいという「地域への思い」を共有していました。「水と緑のふるさとづくり」という目標は、七〇年近く前に桜並木で「村おこし」をした古老にとっては、強く共感を呼ぶものであり、思想信条や来歴を飛び越えさせるものだったのです。

私は、付き合いもあまりない地域の古老から、あんたとは考えが少し違うが、せせらぎの為だったらやってみろ、協力もする、と言われて、びっくりしたことを憶えています。また、会の中核の四〇歳代の〝若者〟が、地域の伝統であった「どんど焼き」や「お囃子」の復活などに取り組んでおり、親近感を持たれてもいたのです。

この地域では、ホタルがいなくなった（六〇年程前）、桜並木が伐られた（四五年程前）、斜面緑地が次々と無くなっていく（一九七〇年代〜、九〇年代〜）など、水と緑のある自然

環境が壊滅するのではないかという「危機感」が共有されており、樹林地などの自然を残せるものなら残したい、江川の美しい景観を復活させたい、という思いがいわゆる地元民にも、新しく移って来た新住民にもあったのです。

また、私は戦後生まれですが、この地域の農家の息子でしたので、江川の計画をより良いものにするには、いわゆる市民運動だけでは住民の多数は動かないことは理解できました。それで、地域に根付き、町会とも協力関係を持つ会として、「江川の会」は出発しようとしたのでした。目的で一致して行動することが基本で、その他のことは一切問わない、という市民運動の側面を持ちながらも、地域と強く結び付いた組織であろうとしたのです。

そのために、会の発足に当たり、井田連合町会関係者や町会長（そのうちの一人は自民党市議）や会の代表予定者などと準備の相談会を持ったのが切掛けになりました。そこでの話し合いで、行政の計画は尊重するが、より良いせせらぎにするために、〝要求貫徹型〟ではなく、できることは協力し、具体的なことを要請し、提案する会の方がいいということになりました。それで名称を水と緑を「考える」会とし、個人参加ではあるが、町会と協力関係を持つことが確認できたのでした。

そんな経過から、町会長や長老の方に「江川の会」の相談役に就いてもらうことにより、四〇代の〝若者〟にはない繋がりの力を発揮してもらい、会が井田地域を超えて下小田中へ、さらに高津区の明津、子母口へと繋がる力となったのです。こうして会が町会と協力関係を持てたことは、運動の広がりを齎し、後の「財政難」を超えてせせらぎ緑道を実現できた点で大きな意義を持ちました。

4　知恵を集め、提案する運動が力に

1）提案をするために見学し、学ぶ——市担当者も呼応

「江川の会」の運動の仕方は、すでに述べたように、行政の情報と経験、その計画を尊重しながらも、積極的に提案をし、参加・協力していくやり方でした。

私たちはそうしなければならないと考えていました。というのは、一九八六年の時の市の「せせらぎ計画」は「アクアプロムナード」という名でした。しかし、この名前だとどうしても大都会のなかの単なる水路のイメージしかなく、コンクリートの道やせせらぎになってしまうのではないかと心配になったのです。さらに、一九九二年の写真3—2の図でも、せせらぎ水路の形（ここではそれが目的ではないが）は直線的に描かれています。私たちは、水と緑豊かな、自然に近いせせらぎを作るためには、提案をしていかなければダメだと思いました。

そして、専門的知識がない私たちがそれをする方法を考えた時に、先例に学ぶことだと思っ

たのです。そのために、東京都江戸川区の小松川境川親水緑道に勉強のために見学に三回行ったのを始め、幸区の大師堀、登戸親水公園、府中の緑道見学など、見学会を合計一四回行っています。そこで得た知識は請願や要請に生かしました。市の施設見学の時は大川さんなど市の担当者に案内してもらい、逆に、小松川境川親水緑道に関しては、事例研究の対象にするよう市に提案しました。大川さんらは後日自ら見学したそうで、彼らの緑道計画への熱意と私たちの要請に対する真摯さを実感したものです。

見学の成果の知識と知恵を集め、一九九二年四月に「江川の親水護岸と水と緑の公園化に関する請願」を提出、全会派から紹介議員になってもらいました。請願の内容は、計画作りの段階で大切な点、計画推進のためのプロジェクトチームを作ること、江戸川区の親水緑道を事例研究の対象とすること、住民の意見を聞く場を設けること、などを求めました。具体的な事柄に関しては、「意見要望書」という形にしました。例えば、桜並木の部分を作ること、なるべく自然に近い形で作り、流れはコンクリでなく石や岩で作り、橋や東屋などは木で作ること、トイレや水飲み場、子どもの遊具などを設けることなどです。これらは率直に言えば、江戸川区の親水緑道にあり、井田、下小田中に合うだろうものを選び出して要望したのです。そして、要請や話し合いを重ねて、九三年九月に全会一致で主旨採択されました。

主旨採択された後も私たちは話し合いを続けましたが、そのなかで市より提案された「親水緑道基本計画」は、私たちの予想を遥かに超える素晴らしいものでした。それは、目標に「せせらぎの復活」を掲げ、せせらぎの位置づけを「新城の市街地から住宅地を経て井田山の豊かな緑に向かう道」・「自然への回廊」とし、ゾーンごとにイメージも提起している立派なものでした。さらに嬉しいことには、基本計画のなかの設備などには私たちの上記の要望（例えば、アスレチック遊具、東屋、ボードウォーク、水飲み場、トイレなど）が取り入れられていました。

市担当者は、このようなプロセスを「ワークショップ形式で実施プランを作って行くこと」と捉えていたようで、新しい計画の実施の仕方で市民に対応していたことになり、感心させられました。

2）知識をつけ、町会と手を結んで

見通しを付けたり、考えを纏め説得力を持たせるために、学習会も活発におこないました。「せせらぎ計画」を聞く会（九一年）、斜面緑地とホタル勉強会（九三年）、「緑と防災の街づくり」講演会（九五年）、川崎市財政の勉強会（九八年）などをおこないました。これらは親水緑道の自然環境のなかでの意義を確認し、意欲と自信を持って川崎市に働き掛ける力となりました。

親水緑道計画に困難が発生した時には、町会などの協力も仰ぎながら、会が町会とは別の運動体（要求実現型の運動の側面）である点を生かし、川崎市に積極的に働きかけました。

典型的だったのは、「財政難」で工事が止まるかもしれないという事態に対して、これを乗り越えるために、沿線の一二の町会の年次総会で議論して貰い、予算確保・工事促進の署名を総会参加者にしてもらい、その四三六名の署名を持って納助役との交渉に臨んだことでした。交渉のなかで、会代表などの情熱的な訴えに、助役は「市長に進言する。忘れない」と言明しました。これが一大契機となって、計画は途切れることなく完成に向かって進んだのでした。

町会に対するお願いや工事の進捗状況、助役交渉などの情報は、会のニュース「江川の水と緑」で各町会理事会に届け、会員などにも配布しました。緑道完成までに一三年間で四二号発行しました。

5　行政とも手を結んで

1）より良いせせらぎのために――市に提案

「基本計画」「実施設計」などへその都度提案や要請をしましたが、時期的にも行政が計画作りを始めている時だったので、多くの提案が計画に組み入れられました。例えば、震災対策（初期消火用水の確保、防火帯としての植樹）、横断歩道、照明灯、子どもの遊具の設置などを提案し、その多くが実現しています。

照明のことで付け加えれば、「江川の会」は、せせらぎでの夜の散歩なども安全、安心なように、一般道の街灯とは別に、遊歩道用の照明灯を設置するよう要請していました。すると、川崎市は太陽光発電の照明灯を設置しました。自然エネルギーの活用は評価でき、電気代も要りません。さらに感心するのは、景観を邪魔しかねない電線が一切不要になり、せせらぎの広々とした快適空間が確保されたことです。これは江戸川区の親水緑道から学び、市の担当者の知恵が発揮されたものです。

情報交換のために、私たちが市役所に出向き要請したこともありましたが、「江川の会」の総会の時には必ず担当者を招待して、工事の進捗状況の報告をしてもらい、一方、私たちの議論を聞いてもらい、こちらの要望、思いを理解してもらいました。

2）より良いせせらぎのため——市をバックアップ

小関橋の管理棟建設とそのトイレ問題で、近隣住民と市が対立した時には、私たちは調停役をしながら、設置に協力をする方向で、市に縮小案やトイレの清掃回数を増やすことを提案しました。それで、住民の了解も得ることができ、市の計画は目出度く実現したのです。

また、安全確保のために、信号機設置を中原、高津両区の警察署に要請し一部実現しました。市も県警と協議をしていたので、市をサポートしたことになります。二〇一五年にも両区の警察署に要請をし、遊歩道と道路の交差点にはカーブミラーの設置、交差点の交通標識の設置、横断歩道の標識の設置をして貰いました。これでそこでの事故が無くなったと聞いています。

この二つの例は、私たちが単なる市の協力者ではなく、せせらぎのさまざまな環境を保全するために、責任を持って独自に判断することができる主体性を持っていたからだと考えています。事故が起きては困りますし、老人から子どもまでもが利用する二・四キロの散歩道には、トイレは不可欠ではないでしょうか。

行政と呼応して動くこともありました。例えば、「市民自治条例」との関係で、市の施策を示した「二〇一〇プラン」にも位置づけられた「区づくり白書」に「緑道計画の完成」が入ることが重要だ、市民討議に参加すべきです、との助言を担当者から貰いました。

そこで、私たちは市民討議に参加し、会の代表が市の「緑の三〇プラン」を実現する上からも、中原で「せせらぎの完成」が重要であると主張しました。さらに、青木中原区長と話し合いもするなかで「緑道の完成」が「白書」に採り入れられたのでした。そのことは逆に、彼らの関わる仕事の予算確保なども含め、市担当者を助けたに違いありません。

上記のように、行政との遣り取りがかなりうまくいっていた様子がお分かりいただけると思いますが、市長の姿勢が強く関わっていたことを確認しておきたいと思います。というのは、市民の声に聞く耳を持たない首長もいるわけで、「江川の会」は良い条件のなかで力を発揮できたのです。仮にそうでない場合は、行政に民主的な対応を求める努力がもう一段必要となるでしょう。

6　せせらぎができて、地域も変わる

二〇〇三年四月に「せせらぎ緑道」が完成し、六月に完成式典も終了し、通水がなされると早速子どもたちが水に入って遊び、また、総合学習などの学びの場ともなりました。「子どもたちの関心は、手の届かない深さの矢上川から、足まで入れる江川のせせらぎに向くようになった」（子母口小）、「江川遊歩道が子どもたちにとって美しい原風景になる」（下小田中小）と先生が仰っています。やがて、カルガモが繁殖し、小魚を求めてシラサギもやってくるようになり、時には多摩丘陵からヤマセミ、多摩川からカワセミも来ています。

二〇〇四年に川崎市は、国土交通省からせせらぎ遊歩道に関して「手作り故郷賞」で表彰されています。その理由は、高度処理水を活用し、廃川となった河川跡地をせせらぎ水路に変え、都市に潤いと安らぎを与え、市民に親しまれる水辺空間を創出したこと、市民協働の街づくりを目指したパートナーシップ型事業をおこなったこと、でした。

「江川の会」は、中原、高津の両区の町会や住民たちを結んで努力しましたが、歴史的には川を挟んで「水争い」をした歴史を持ち、行政区も違うので、一緒に運動したことはこれま

でなかったのです。それがこの運動を共同で取り組むなかで「絆」ができたと旧住民ともども喜んでいます。

また、各町会の遊歩道の維持管理（月一回草取りやごみ拾いなど）への参加が増えているようです。また、沿線のお店に活性化が起こっているそうで、植木屋さん、蕎麦屋さんの売り上げが伸びているそうです。

７　人の顔が見え、文化の香りがする、ふるさと創りへ

二〇〇三年に「せせらぎ」が完成し、「江川の会」は発展的に解散しました。私たちは、緑道づくりのなかで得た経験と知恵を伝えるべく、記念誌『街中のせせらぎの道　江川をよみがえらせた地域13年のあゆみ』を一五〇〇部発行し、各学校、各方面に配布しました。また、「せせらぎ遊歩道」を今後とも清く美しく残すために、運動のなかで培われた人の輪を生かし、新たに「森とせせらぎネットワーク」（以下「せせらぎネット」）を二〇〇四年に結成しました。

せせらぎ遊歩道がハード面で完成をしたので、前章で述べたように、緑と自然環境は次第に蘇る様相を呈しています。そこで、私たちはそういう水辺空間や憩いの場のせせらぎを生

活のなかに生かし、人の顔が見え、文化の香りがする、住むに値するふるさとづくりに、生かして行こうと考えたのです。

「せせらぎネット」の年間の主な活動は、親交を深め一年を展望する新年会（一月）、お花見会と定期総会（四月）、「せせらぎシンポジウム」（六月）、灯ろう流し（八月）、「森とせせらぎ祭り」（一一月）であり、管理棟では年間を通してネット文化部が、写真展、葉書絵展、菊花展、子どもの絵展などをおこなっています。また、二ヵ月に一度、遊歩道のゴミ拾いや枝払いなど「見守り活動」もしています。以下、主な行事を紹介します。

1）せせらぎシンポジウム

六月には川崎市の緑の協働推進課などの職員を呼んで、専門研究者の講演を聞いてもらったり、せせらぎの情報交換をしたりして、せせらぎを美しく安全な場所にしていく努力をしています。

シンポ参加の市の担当者との話し合いのなかで、子どもの遊具の更新、街灯の付け替え、交通標識や横断歩道の設置、カーブミラーの設置などが実現しました。しかし、残された問題は、流れのなかに汚い藻が繁茂し悪臭まで出て来てしまうこと、等々力水処理場の改修が必要なことです。

2）灯籠流し

お盆の時期に、「地域の安心　地球の平和　祈りを込めて」おこなってきました。今年で一一回目になり、毎年八〇〇人に上る親子連れが自分の願いなどを書いた灯籠を流していきます（写真3―3）。前座のひとみ座の「乙女文楽」も珍しさも手伝い注目を集めています。

3）森とせせらぎ祭り

せせらぎを地域のために生かす上で、お祭りは多くの人が気軽に参加でき、賛同も大きいはずだ、と始められました。メインスローガンは、「子ども・未来　地域・ふれあい　水と緑のふるさとづくり」であり、その年にサブスローガンを決めています。今までに、「エコな祭り」や「東日本大震災復興支援」を掲げました。そして、支援者の方に祭り当日の舞台で福島の実情を毎年報告してもらっています。

舞台はせせらぎ沿線の小中学校の合唱、ダンス、ブラバンなどで子どもたちが活躍しており、地元好事家の謡や舞、フラダンスやサンバ練り歩きなど大好評です。模擬店は近隣のお店や団体の出店です。毎年晴れなら、延五〇〇〇人位の人で賑わいます。

写真3―3　灯籠流し

去年は一二周年で、天気も良く延べ八〇〇〇〇人に上る参加者でした（写真3—4）。

写真3—4　森とせせらぎ祭り

8　雨水貯留管が洪水から地域を守った

一九年一〇月の巨大台風一九号は、豪雨によって各地に甚大な浸水被害を引き起こしました。川崎市内でも小杉地域がひどい浸水被害を受けました。私の住んでいる井田・下小田中地域も一九六〇年代以降は、台風などによる矢上川・江川の氾濫により、五年に一度ほど、床下・床上の浸水被害を繰り返し受けてきました。それが、今回は無事だったのです。その原因は、第3章でも簡単に触れましたが、江川の下部に洪水対策の巨大な雨水貯留管の効果が発揮されたからです。

川崎市は「江川せせらぎ水路計画」を一九八五年に立てていました。ただ、浸水被害が頻発しており、特に八二年の台風の後の被害は酷く、一週間も水が引かない状態でした。そこで川崎市は、せせらぎを作っての緑の復活や保全とともに、洪水対策を前面に出した計画を八八年に立案したのです。上部はせせらぎを流して綺麗な遊歩道にし、その地下に巨大な雨水貯留管（直径九メートル、延長一・五キロ、総工費二八〇億円）を埋設したのです。流れ込んだ雨水は、豪雨がおさまった後にポンプアップし、内水氾濫にならないように、まず南加瀬の水処理場まで圧送されます。そこで、初期雨水が含む汚泥やごみなども除去された後に、放流されるのです。

江川の雨水貯留管は二〇年前に完成し、五〇年に一度の豪雨にも対応できるとされました。それ以来、かなりひどい豪雨や台風がありましたが、一度も洪水は起こっていません。そして、異常に強かった今回の台風一九号や二一号にも対応でき、この地域には洪水の注意報も出ませんでした。

この地域に関しては、川崎市が、地域住民の要望も受けて、効果のある洪水防止策と緑豊かな水辺空間の復活という先進的事業を二〇年前におこなっていたことが改めて証明されたのです。備えあれば憂いなしとはこのことです。

9　余力があれば……

せせらぎに関わることで、できれば良いなと思っていることを最後に挙げておきます。

それは、町会関係者ももちろん含めてですが、「人形劇団ひとみ座」、「ひとみ座寄席を楽しむ会」、「人力車クラブ」、お囃子の会、「健康の森を育てる会」などの住民グループと情報交換をしながら、地域づくりをする「江川流域協議会」（仮称）を作りたいと考えてきましたが、手が付けられていません。

また、神奈川県に働き掛け、矢上川の親水緑道化を実現したいと思っています。一度県に陳情を出しましたが、不発に終わりました。矢上川の川床の下には工業用水のパイプが通っており、上部の工事が難しいのです。しかし、宇都宮市の例などを参考に、長期的視野で実現を模索していきたいと考えています。

おわりに

これまで述べてきたことは、せせらぎ完成を祝って発行した記念誌『街中のせせらぎの道』や一三年間の総会資料、ニュースをもとに纏めたものです。記念誌は市内の各学校の図書館にあります。一三年間の運動のなかで記憶しておくべきことを意識して書きました。お読みいただき、皆さんの参考になればいいなと思っております。

第4章

共同発電・おひさまフェスに集う若者たち

原発ゼロ市民共同かわさき発電所理事
勤労者通信大学哲学教科委員

はじめに――原発事故と未来への模索――

地球温暖化が深刻化しており、この対策として有効なのは再生可能エネルギー（以下、再エネ）中心の社会に変えていくことであるとし、自分で再エネを作り出そうという試みもなされるようになっています。ドイツの村、シェーナウの試みや長野県飯田市での取り組みがその一つです。

そんな時、二〇一一年三月一一日に東京電力福島第一原子力発電所が東日本大震災に伴う津波をきっかけに冷却機能が失われ、水素爆発を起こし大量の放射性物質をまき散らすという過酷事故を起こしました。国民は「安全神話」の揺り籠から放り出され、放射能汚染に恐怖することになりました。しかし、事故責任者の東京電力や政府はそれまでの手抜きを認めず、事故の過小評価や隠ぺいを繰り返しました。これには、多数の国民が怒りを感じ、原発のない社会、放射能汚染のない生活、再エネ社会が作り出されるべきだと思うようになりました。

そして、その思いを実現せんと学習会やデモなどの運動が活発に展開されるようになりました。ここ川崎でも脱原発の集会とデモがおこなわれました。その一つに「原発ゼロへのカウントダウン in かわさき」（以下「カウントダウン」）がありました。そして、そこに集った二〇～四〇歳の若者たちにより、その原発ゼロという目的の実現のためさらに広い層に訴えるために、いわば「車の両輪」として「原発ゼロ市民共同かわさき発電所」（以下「共同発電所」）は二〇一四年に設立されたのでした（写真４―１）。

「共同発電所」の大まかな設立までの経過は、以下のようです。福島原発事故の一年後に「カウントダウン」（毎年三月）が始まり、そのなかの若い有志が「地域から脱原発に取り組める「創造的な活動として再生エネの推進」のために「川崎自然エネルギー」を組織し取り組みを始めました。そして、視察旅行や市民団体との交流会、関連する映画会や勉強会を次々とおこない、太陽光発電パネルの設置場所の目途もつけて二〇一四年七月に「共同発電所」の設立に漕ぎ着けました。さらに、設立費用の八〇〇万円も集めきり、二〇一五年二月二日に発電所第一号機の通電式を盛大におこない、さらに進んで、その年の九月に「おひさまフェス×星空上映会」（以下「おひさまフェス」）を成功させたのです（詳しくは、年表参照）。そこではなぜか先のような若者たちが中心になってそのＮＰＯ法人は運営されています。「共同発電所」の理事・監事一五名のうち前述の年代の若者が八名という構成は今時珍しいと言っていいでしょう。理事長は三〇歳です。その組織の構成は事業検討部、アート部、政策検討部、イベントチーム、ニュース

写真４―１　かわさき発電所

担当などですが、これらも若者が中心を担っています。これは向こう二〇年という契約期間を見通して六〇～七〇歳代の理事は遠慮したという面はもちろんあります。

ただし、中年の会員もしっかりと持てる力を発揮しているのが特徴です。例えば、一号機の建設には約八〇〇万円の費用がかかりましたが、三六人の疑似私募債の出資者により短期間に集められました。これは資金面では五〇～七〇歳台の力によるところが大きいと言えます。また、「おひさまフェス」の時には地元の町会や商店との繋がりが生きましたが、それがあったのは五〇歳以上のメンバーでした。

「未来は青年のもの」とよく言われますが、「共同発電所」作りが急速に進んだその訳がわかれば、どのようにすれば若者が集い、繋がり、さらにその輪が広まっていき、地域や社会を変える力となっていくのか、未来社会を創る主体が育まれるその筋道が見えるのではないでしょうか。それを意識して「共同発電所」の経過と活動を見ていきます。

1　どのようにして、どんな人が集ったのか、なぜ彼らは集ったのか

(1) 原発事故に対する恐怖と怒り

二〇一一年三月一一日に東電福島第一原発が東日本大震災の津波により過酷事故を起こし、

使用済み核燃料を中心とする大量の放射性物質を放出しました。この事故で原発の周囲三〇キロ圏内は避難区域になり、二〇万人にも上る人々が被曝を避けるために避難を余儀なくされました。爆発による放射性物質の拡散は広く関東一円に及び、放射性物質を濃く含むプルームは東京に達したと言われています。

地震の際の電源確保の手抜きや非常用冷却電源のディーゼルエンジンを高台に移さなかったことなど、「この事故が人災であることは明らかで、歴代および当時の政府、規制当局、そして事業者である東電による、人の命と社会を守るという責任感の欠如にあった」というのが事故原因に関する「国会事故調査委員会」の結論でした。

この事故で原発「安全神話」は吹き飛んだのでしたが、東電は「想定外」であったと対策の手抜きの言い逃れに終始し、被曝の危険な状態を隠ぺいしました。他方、原発事業に関連するマスコミや「原子力ムラ」の「専門家」は、「放射能のレベルはすぐに健康に影響するほどではない」とか「混乱を招くから」と甲状腺がんを防ぐ効果のあるヨード剤の配布を止めたりして、被害の過小評価と隠ぺいを繰り返したのです。

しかし、事故の衝撃は特に若者たちに放射能に対する恐怖と将来に対する不安を感じさせ、隠ぺいなどに対する怒りをかき立てたのでした。これが彼らを立ち上がらせた根本的な原因でした。ある理事は、「三・一一前は電気は空気と同じように、ただ当たり前にそこにあるものだった。事故が起きて原発事故が人の営みを根こそぎ破壊する様を見て、なんて危険なものに無知で無関心でいたんだろう」と怒りを込めて述懐しています。また、別の理事は、「国民の命をないがしろにする政府・東電・マスコミの隠ぺい体質のむごさに戦慄が走りました。真実が知りたいと本を読みあさり、もう騙されるものかという思いを強くし、運動に参加したのです。」と語っています。

（2）原発事故に対する怒りが行動へ

実際ほとんどの「共同発電所」のメンバーは、原発がもたらした人災を二度と繰り返させないと覚悟を決めており、再エネこそ最新の技術であると考えていました。原発事故の後全国的に反原発運動が活発になりましたが、川崎でも「カウントダウン」が始まりました。二〇一二年三月のことでしたが、ここに今までにない広い範囲の市民や若者たちが集まりました。そして、この集会が回を重ねるごとにデモでのアピールの仕方などに若者の知恵と工夫が生かされていったのです。いわゆるサウンド・デモの例などです。

「カウントダウン」に入っていた三〇代～四〇代の人たちはいろいろな市民運動に加わっている人も多くいました。そして、再エネ発電を自分でおこなうことは脱原発社会のための客観条件を作ると多くの理事が考えていましたが、脱原発のための「共同発電所」の作り方やその知識に乏しかったのは事実でした。そんな彼らは「共同発電所」設立のために先例を探し出して学んだり、過去の経験を直接聞いて学ぶことなどに貪欲でした。例えば、飯田市まで出かけて行って地域分散の再エネづくりを学んだり、世田谷区の再エネの取り組みを区長さんを呼んで勉強したりしています。

同時に、彼らは新しいことに敏感であり、同世代の青年の生活や気分を良く理解していました。彼らの目的を達成せんとするエネルギッシュな行動力と、失敗を恐れないチャレンジ精神が周囲の若者に親近感を持って感じられたのではないでしょうか。

大方の若者は、未来に「希望」が持てないので現状に「満足」しており、「自己責任」に追いまくられ、心理的にも孤立し引っ込みがちなのですが、そんな彼らも仲間と一緒に自分でもやれることがある、一緒に自分のやりたいことができる、自分を表現できると感じたのでしょう。そんななかでは、その集会を自分のものとして自然につどい、繋がり、そして「協働」が出きていきました。「カウントダウン」の人と人の繋がりが「共同発電所」の活動に生かされていったのです。ここには、怒りという内面の力に突き動かされ、孤立を超えて「対話」するようになり、目的に共感してさまざまな活動を他者と「協働」するなかで共感の度合いを高めて連帯し、未来を創っていく「主体」となっていくという流れが見えます。

(3) 始めの一歩を踏み出した有志

「共同発電所」設立のキックオフは、二〇一四年三月におこなわれましたが、そのなかの繋がりの中心となり、始めの一歩を踏み出した有志は、以下のように全員が二〇〜四〇歳代でした。彼らの多くは、地産地消、地域分散型の再エネ発電を考えており、原発を必要としない未来を求めて「市民による市民のためのエネルギー革命」を目指して進もうと考えており、目的実現のために現状を変革せんとする批判精神旺盛な青年でした。

福島原発事故後、反原発アクションに取り組み、今、再エネ普及活動とそれを通して原発のない社会を目指している弁護士さん、〝公害都市〟川崎に生まれ育ち、光化学スモッグの下で喘息で苦しむ友人の背中をなでながら、いったいどうしてこんなことが起こるのかという悲憤を感じた原体験を持ち、市民の力で川崎を〝環境都市〟にしようと頑張る人。脱原発の運動をしているが、政府や電力会社に市民の声を届ける継続的な活動の重要性を感じており、そのためにより広範な市民を巻き込むことの必要性を感じている人。今までの原発反対運動は、集会やデモ行進するという伝統的な方法に終始し、結果として未来に繋がらない感じがあったが、そんな時に降って湧いた発電所建設計画は、確実に未来に形あるものとして残すことができるという魅力につられ、その活動のために生活を一変させた介護士さん、などでした。自分の手で発電所を作り、原発の必要がない社会を自分で創り出す、という新しい活動スタイルは共感を生み、その輪は広がっていったのです。

(4)「カウントダウン」と「共同発電所」と

キックオフは二〇一四年三月でしたが、それまでに人の繋がりを広げることはもちろん運動をどう広げるかなどの準備は、一年ほど前から続けられていました。一三年八月には「シェーナウの想い」(ドイツのシェーナウで村を上げて配電網を買い取ってさまざまな方法で再エネを生産し、地域に還元する仕組みも作って産業も雇用も生んで豊かになったこと、そういう動きが結局はドイツという国をも脱原発へと変えたことを紹介した映画)上映や市内の再エネに取り組む団体との交流などがおこなわれています。

その準備のなかで運動の方向として、脱原発運動のマンネリ化が見られるので工夫を要することが意識されました。脱原発を志向するが活動していない市民個人レベルでいかに参加者を増やすかという点では、創造的活動として再エネの推進に努力するのがいいのでは、と彼らは考えました。そうすれば再エネが安全で環境にやさしいから、原発の危険を知った市民の幅広い共感が得られるはずだし、それは地域から脱原発に取り組むことにもなると考えたのです。さらに、どのように再エネを進めるかの議論をすることが運動活性化の契機となる、とも思っていたのです。そして、さっそくおこなったのが市内五ヵ所での上記の映画上映会でした。

この段階では、「カウントダウン」の運動と「共同発電所」が「車の両輪」という表現もあり、「カウントダウン」のなかでの運動というイメージを持っているようにも見えます。しかし、「共同発電所」の活動分野が快調に広がり、「カウントダウン」以上に広くなったので、自然に独自の運動を進めるという方向を取ったのでしょう。その意味では、「共同発電所」づくり自身が新しい経験であったので、彼らは自分たちの目標達成のために学習をし、先例を研究し、関連行事に参加して経験を積んだり、行政に対しても意見を言っていくことなどを次々と実行していったのでした。

例えば、「おひさまプロジェクト」という、先行して活動していた再エネ促進のグループの行事に参加したり、川崎市に自然エネルギーの取り組みについて説明を受けたりしています。他方、「川内原発の再稼働に反対する声明」を出したり、九州電力が再エネの系統接続を「保留する」と表明すると、これに強く抗議し、改善を求める提言をしています。

未経験の事柄を初めて実行し、目的に接近する仕方という点では、先進例を謙虚に、だが、どん欲に学んで生かしています。伝統的なやり方を絶対視はしないが、先例から学べることはすべて学び取るという姿勢があり、ある意味で「知は力なり」（ベーコン）ということを目の前で見ている感があります。後に話が出る「浜岡原発の危険性」の学習や「再エネ促進条例市民案」作りにもそれを見ることができます。

2 「共同発電所」づくりと対話、協働

(1) 市民主体で、行政とも協力して

このころ再エネ推進の仕方については、市民出資発電事業の形態や行政と協力した取り組みなどさまざまな可能性を検討しています。地域の状況に合わせ、地域のためになるものを作るために、地方自治体が「地域のコーディネーター」として機能する必要があるという言い方もしており、小規模分散型の電力事業・「川崎電力」における自治体の役割も明示しています。つまり、このころはまだ自分たちがすべて自己資金で設立する「再エネ発電所」は一つの可能性の段階にあったのです。

それでも、企業ではなく、市民が地域住民が主体的役割を果たすことで小規模分散型の社会を実現できると考えています。そして、その実現のためには、自分の力でエネルギーを作りだし、それで社会を変えていける、とも述べられています。「共同発電所」は市民が主体であること、地域の役割をしっかりとみていることは注目しておいていいでしょう。

（2）力の蓄積と変革の観点

さて、「カウントダウン」も三回目になると参加者が半分ほどに減るなかで、このままでは「マンネリ化」するので活性化する必要があるという言葉も出てきました。ただし、脱原発運動の「マンネリ化」という彼らの言い方は少し検討を要するでしょう。彼らがマンネリ化と考えているものは、三・一一の原発事故に対する「カウントダウン」の参加人数など脱原発集会参加者の減少を言っているようです。確かに「カウントダウンは」数年のうちに舞台、出展、デモというパターンになっています。しかし、それをもって単純にマンネリ、或いは、未来に繋がらないと言い切れるのでしょうか。

写真４—２　「カウントダウン」のデモ

例えば、日本全国での原発建設反対運動はどうだったでしょうか。学習会をし、署名運動をし、集会をし、建設会社と交渉し、デモをしたのでしょう。そういう運動の蓄積のなかで、村や周囲の意識を急速に変えていったことがあることもきちんと見ておく必要があります。まともな反対運動のエネルギーの蓄積が原発建設をストップさせるという質的変化を引き起したことがあったのです。これは運動の法則的な部分であり、こういう良い意味での「伝統的な面」は確保しておいてもいいのではないでしょうか。

もっとも、そういう彼らの多くは「カウントダウン」のデモに参加しており、両者を対立的にとらえているのではないようです（写真４―２）。つまり、現状を変革の観点で見ており、見逃せないと考えている状態を何としても打破したいという意欲が前面に出ているということで理解できるでしょう。実際二〇一七年の第六回目の集会参加者は第一回とほぼ同じ一五〇〇人でしたし、舞台も小出裕章さん（元京都大学原子炉実験所）のお話あり、運動している団体のアピールあり、出店も多数あり展示でのアピールもあって充実していました。

（3）キックオフ集会、設立総会、そして発電所一号機通電式

1）太陽光発電の屋根の確保、ＮＰＯ設立へ

キックオフで再エネの推進のために「共同発電所」を設立することに共感と賛同が得られるなか、なんとタイミングのいいことか太陽光パネル設置のためにマンションの屋根を無償で使ってもいい、との申し出がありました。それで、資金も含めて全く自分たちだけで「共同発電所」を設立する条件が突然出現し、事態は急展開を見せることになったのです。

その時から七月の総会までに一六名の準備委員会が構成されました。先にも述べましたが、そこでも若い人が中心になっており、会議をきちんと開いているせいもあり年上の経験豊かなメンバーと行事遂行の意思がうまく共有されているようでした。「幅広い年齢層の参加で厚みがある組織構成になっているのが強みとなっている」と、六〇歳代の理事が自己評価しています。ちなみに、この間理事会や全体会議、チームの会議は年間で平均して六〇回ほど開かれており、行事の準備・進行を支えていることが分かります。もちろん、メール、フェイスブックなどもどんどん活用されています。こういう準備過程で三〇歳前後の若者も参加してきているのです。

2）通電式準備――「ミッション」への共感と個性を生かす「協働」へ

❶ 映画会や小田原への視察合宿旅行などをしながら、第一号発電機の通電式の準備は快調におこなわれました。三月三〇日のキックオフ集会の後、一号機が設置される予定のマンションを見学したあとＮＰＯ法人格取得、二〇年間の財政計画の策定、疑似私募債募集の準備などその能力を備えており、その気になっているメンバーにより諸準備がテンポよく進められました。発電所設立を具体的に進める事業検討チームだけでなく、ニュース（月刊「でん太通信」）担当やプロモーションビデオ（以下ＰＶ）担当などのアート部、イベントへの参加・企画をおこなうイベントチーム、そして、国や川崎市に対する政策参加や提言をする政策検討チームが組織され、次々と課題がこなされていきました。

多様な資質を持ったメンバーが集まり、その能力を発揮するチームの体制が組織されていったのですが、政策検討チームのある理事は、「自分たちで電気を作っちゃおうというところが頼もしく、魅力的なものでした。個性的でアイディアとエネルギーに溢れ、こういうのやろうよ、と着想をどんどん実現していくメンバーの皆さんに圧倒されています。」と語っています。

❷ 例えば、アート部はまず川崎夢見が崎動物公園にいる、立ち上がる動物のレッサーパ

ンダからマスコットキャラとしての想を得て、しっぽに電球がついている「でん太君」（絵1）を生み出し、その相棒の女の子の「さきちゃん」（絵2）も創り上げました。また、彼らは約二ヵ月かけて、「共同発電所」の紹介から、再エネの話までを描くPVを作っており、彼らの自信作のようです。製作チームの一人は、「一介の市民電力に過ぎないNPOに不相応なPVがあるらしい、という噂があるが、失礼な話である。原発ゼロを成し遂げようとしている組織にふさわしいクオリティーのものを作ったまでだ。」と〝反論〟しています。その言葉には、「共同発電所」の意義に対する自負心とそれに貢献せんとする強い意欲が示されています。

絵１　でん太君

絵２　さきちゃん

❸

イベントチームの動きも活発で、通電式当日には、発電機があるマンションの屋上に仮設舞台を設け、そこで発電したできたてほやほやの生の電気を使ってギターの生ライブを会場に生中継しました。こういうセンスはなんでもやってみようという青年特有のもので、通電式を盛り上げようとの意欲がなければできないことです。そして彼ら自身が、自分の持てる力を発揮しつつ皆で「協働」してイベントを作り上げるなかで繋がりが強まり絆となることを実感し、自分たちの「共有空間」を作り出していると自覚していったのではないでしょうか。

３　個性的な「共同発電所」――対話と協働の共有空間へ――

⑴「共同発電所」の設立

１）その「ミッション」と組織

「共同発電所」は、二〇一四年七月に設立されました。その「設立趣意書」の要点は以下のようなものです。

原発は安全でなく人間には制御できない危険なものです。福島ではふるさとの自然、平穏な暮らしが破壊されました。日本の電力には発電の利益を一部の企業が独占するという構造的な問題があり、命や暮らしより経済が優先されてきました。かつて川崎でも起こった大気汚染公害とも共通する環境破壊の歴史です。この負の連鎖を断ち切り、大企業による大規模一極集中型ではなく、地産地消・地域分散型の自然エネルギーによる発電の普及が必要と考えます、としています。

発起人の一人は、「共同発電所」の特徴を原発ゼロを自らの手で実現せんと発足しました、市民発電所として「原発ゼロ」を掲げたのは全国でも例がありません、と語り、草の根の力で地域に根差した「エネルギー革命」を起したいし、原発が必要でなくなる社会を目指したい、とマスコミ誌上で語っています。

こういう趣旨に賛同してたくさんの人が参加しており、現在では一四〇名以上の会員とサポーターがいます。そのなかには原発と放射能汚染とは密接に関係すると考えている被爆二世の方も参加しています。彼は、福島の原発事故と放射線被害は、核問題がもはや被爆者や被爆二世に止まらず、国民的な課題と成っていることを象徴していると考えています。そして、国が、被爆者、被爆二世はもとより、福島の被曝者に医療補償を始めとする補償を十分におこない、また、総ての原発を廃炉にして、再エネ中心のエネルギー政策に転換するよう、被爆二世として強く訴えていきたい、と覚悟を語っています。

2）地域に目を向けて

「共同発電所」の理念のなかで川崎という地域が取り上げられています。自分たちが住む都市であるので当然ですが、「地域」という言葉は重要な意味合いで使われています。「ミッション」のなかで、原発事故による健康被害などは「川崎でも起こった大気汚染公害とも共通する、繰り返されてきた環境破壊の歴史です」という部分に出てきます。ある理事は、「全国の公害を見ていくと、今起こっている原発問題と同じ構造であることが分かってきます。」と告発しています。別の理事も「弱者や地方に被害を押し付けて、命や健康よりも利益を優先する構図です。」と語っています。

川崎では大気汚染公害を市民の力で食い止め、国の「環境基本法」に先立って「川崎市環境基本条例」を持っており、そこには市民の参加権も規定されています。ここには公害反対や環境保全運動を進めた市民の意見が反映されているのです。

市民発電は地域に目を向け、そこに根を張ることができれば、そこから大きなエネルギーを吸収し、大きく拡大成長していけるし、市民発電はその地域に根付いて、その地域社会に貢献できるという大きなメリットを持っていると言われています。顔の見える関係性のなかで、新たな連帯や対話によって新しい現実を作り上げていくことが重要で、そういう地域のなかでエネルギー問題に取り組むことは新しい挑戦になります。

ある理事は、「地域に暮らす人々がつながっていくことにより長期的にはエネルギー革命が実現し、原発に脅かされない尊厳社会も創ることができる。」と語っています。神奈川県知事も「キララ賞」授賞式に際して、「川崎という地域に根差し、市民として『共同発電所』

をしている点が評価できる。若い発想で、多くの人を巻き込みながら活動を広めて行きたいという姿勢を応援したい。活動の継続性と広まりを期待したい。」と励ましています。

その端緒は開かれました。文字通り普通の市民に呼び掛け、興味関心を持ってもらい、一人でも二人でも参加してもらえる運動になるかどうかは今後にかかっています。いずれにしても、「自分たちのことは自分たちで決めたい、地域のことは地域で決めたい」という思いが強いし、このことにより本当の民主主義が確保されるのだと思うメンバーが多いのですから、不可能ではないでしょう。

3）NPO法人としての出発

「共同発電所」がどういう組織形態をとるか、ファイナンスをどのようにおこなうかは大きな問題でした。まず、法人化の問題では、法人化すること自体は、契約の主体になり社会的存在として認知度が高いという面があるのでそれほど問題はありませんでした。しかし、ファイナンスと利益還元の仕方で、株式会社形式で行くのか、市民出資型の形態にするか、NPOで行くのかで議論がなされました。

そして、脱原発を掲げ、再エネを自分で作り、それによって電力供給の構造を変え、社会を変えていこうとする、「市民による市民のためのエネルギー革命」を目指す集団としては、非営利活動法人（ＮＰＯ）が一番ふさわしということに収斂していきました。収益を会員に還元するべきだ、という意見もありましたが、マンションのオーナーが無償で屋根を提供しているという現実もあり、原発ゼロを目指し、収益は地域にこそ還元すべきという理念の実現を求める若い理事の意見が多数になり、一致が見られたのでした。

非営利性を本質とするＮＰＯ法人は、留意条件に「不特定多数の者の利益の増進に寄与することを主な目的とすること」も入っており、会社形態よりも再エネの普及をおこなう上で社会的信用を獲得しやすく、任意団体よりも安定した団体として認められるので社会的信用を基に今後の活動を円滑に進めやすい、と彼らは考えたのでした。

４）役割分担をして多様な活動

政策検討チームにも意欲ある人が集まりました。行政のエネルギー計画を議会に任せるのではなく、市民が学び、考え、話し合って決める機会があることが必要だと思っている人、原発をどうするかは国民投票で決めようというグループの人、環境問題は発生を未然に防ぐことが最も重要であると考え、未然防止には法の存在が大きな役割を果たす、そのために機会があれば、法を作ることにも関わってみたいとチームに加わった弁護士さんなどです。最後に挙げたその理事は今「川崎市再生可能エネルギー促進条例・市民案」作りをしており、条例づくりのセンスの良さと論理的緻密な政策能力を十分に発揮しています。一号機のあるマンションの南側に建設される巨大ビルにより発電パネルに日影ができてしまう問題での、「日影条例」を制定するようにとの陳情にも、さらに、「浜岡原発の危険性」の学習にもその力は発揮されています。

事業検討チームには「共同発電所」設立の全体計画を立て、資金を集め、返済計画も立てる、NPO法人化の具体的実務を手際よくこなせる実務経験者が集まりました。メンバーの一人は、発電所がNPOという組織形態に行き着くにも多くの議論があり時間を要しましたが、一方で、法人格の組織形態や資金調達法の実務のスキームを研究することは非常に興味深く、やりがいもあった、と語っています。

(2) 多様な活動のなかで、対話、協働を求めて

1) イベントのなかで増えた若者たち

二〇一四年三月にキックオフ集会をした後、一五名の理事候補やサポーターたちを中心に、話し合いをし、知恵を出し合ってさまざまな企画やイベントを実行していきました。この間、全体会は月一回は開かれており、役割分担をされたチームは毎週のごとく顔を合わせ、意見

を交換し、政策提言などを創造せんとし、多様な事業を推進する努力をし、さまざまなイベントをおこなっていますし、宣伝活動を展開しています。

その主なものを紹介すると、再エネを宣伝するために「シェーナウの想い」上映会を市内八ヵ所でおこない、アピールするなかでサポーターも増えています。また、オフグリッドの組み立て教室を開いて、「出前発電所を作ろう！」と太陽光発電の宣伝をしています。また、「多摩電力」との学習会、「足温ネット」との学習会も開いています。このような行事のやり方の特徴は、大規模にやってたくさんの人を集めるよりも、五人でも一〇人でも集まれば、そこで学び、そこで話し合いをし、サポーターを増やし、協働の芽を育てるというやり方です。人との出会いを大切にし、「対話」をして輪を広げていくというやり方です。そして、じっくり話し合いをしながら学んでいく場所として、合宿旅行をおこなっています。飯田市への「スタディーツアー」「小田原視察旅行」などです。

他団体の集会に参加して、ブースを出してアピールすることも旺盛にしています。「おひさま春まつり」「公害フェスタ」「平和をきずく市民のつどい」などですが、こういう経験が「おひさまフェス」に繋がっていったものと思われます。また、「カウントダウン」のメインの集会やデモのなかでも、メイン舞台とは別に小出さんとのミニ「対話」企画という時間と空間が若いメンバーによって確保されていたことは注目すべきことです。

そこには相対的に若い人たちが集まってきていることが写真4―3、4からもわかります。そこからも対話的に協働する「共有空間」の存在を読み取れるのではないでしょうか。そして、そういうなかで未来社会を創る主体が形成されていくのではないでしょうか。

自分たちの再エネ推進、脱原発という目的のためには何でも試みるメンバーの姿勢は、若い人の気持ちを引き付けるに十分であったと思われます。つまり、一般の青年は、世の中の不正をおかしいと思い、ストレスを感じているが、声を上げようにも「よい子」を強制されて何もできずにいるのが普通です。他方、何かやれば「自己責任」を押し付けられて自分の内側にのみ向かわされ、他者との共同がなかなかできない状況に、まず時間的に、次に心理的に置かれています。前述したように、彼らは未来に「絶望」しており、現状に「満足」している若者たちなのです。

そんな時に、自分の居場所ができ、他者と「対話」しながら

写真4―3

写真4―4

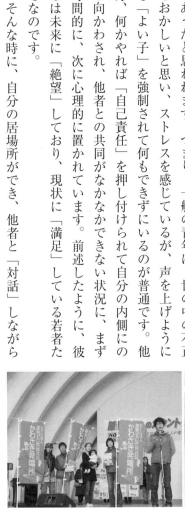

自分の意見を表明できるだけでなく、その実現に他者とともに自分の持てる力を発揮して挑戦できること、「協働」できることは魅力的です。そういう「共有空間」のなかでは、仮に失敗でさえも他者と共有している貴重な経験となり、学びになるのです。そういうなかでの様相を豊泉周治氏は、彼らは自己を実現し、自己を変革していくのですが、それが「仲間志向」型の経験、「他人指向」型の、本質的に「社会的共同に関わる経験」なのです、と語っています。ある人が「共同発電所」の活動を「夢のような活動」と言っているのもそのことを言っているのであろうし、自分の対話圏の広がり、「共有空間」を実感できる「わくわくする」活動になっていったのでしょう。

(3)「共同発電所」での対話、協働、共有空間

1)「共同発電所」設立のなかでの共同作業

ある理事が「共同発電所」を作ることが脱原発運動に刺激を与え、具体的な成果として見えることが何とも言えない魅力である、と語っていることを以前に紹介しました。発電所を作ること自身がいろいろな共同作業を含んでいることは分かり易いことです。その理事は、「カウントダウン」などのように年一回ではなく、恒常的に発電しており、常に活動してい

る「共同発電所」は、社会に継続的に発信できる重要な機能を持っているし、反原発運動の新しいシンボルとして人と人をつなぐ媒介としてもとても魅力的だ、と言っています。さらに、別の理事は、「三号機を作った喜び以上に、メンバーが自分の力を発揮し、協働して共有空間のなかで輝いている方がもっといい！」と強調しています。

そして、上の言葉は共同作業のなかで他者に依存しながら自分が実現される、他者もまた自分に依存して他者が実現されるという「協働」の大切さを実感し、経験していることを自覚的に語った言葉、「共有空間」のなかでの主体の出現とその拡大を喜んでいる言葉と考えていいでしょう。

こういう「共同発電所」の活動の仕方は対話的であり、社会的問題意識を持っているがなかなか動き出せない青年やありのままの自分を出して他者との繋がりを持ちたいが、デモではなく他の形で自分の想いを実現できないかと考えていた若者に強くアピールしたのではないでしょうか。

2）「おひさまフェス」での対話、協働の深まり

こんな動きのなかでメンバーが増え、一五年九月の「おひさまフェス」（写真4―5）に繋がっていくのです。「おひさまフェス」は多摩川の河川敷でおこなわれましたが、「共同発電所」

発足後一年ほどしか経っていませんでした。イベントチームが中心となりましたが、医療生協やコープ、環境団体、学生ボランティアなどと手を組むことができたこと、それぞれの役割のなかで核となる人が存在したことが大きなイベントになった原動力でしょう。

「おひさまフェス」は、そんな集団が自然環境にも優しい再エネ推進と脱原発をアピールしようと計画したもので、太陽光で発電した電気で音響、映写機を動かし、舞台を設置し、三〇以上の出店のテントなど機材の準備をし、参加者が延べ二〇〇〇名の集会を成功させたのでした。二〇～四〇歳の若者を中心に協力体制を取り、五〇～六〇歳代の中年（車やテント機材の確保・運搬、町会との連携などに強い）とも「協働」してやり遂げたのは驚きと言ってよいでしょう。そのメンバーの一人は、命を大切にする社会を作っていくために必要なことはたくさんの人と対話し、協働することだと考えていたが、「共同発電所」の取り組みと出会い、その「対話」と「協働」が「おひさまフェス」にあると分かり、新たな社会を作り上げていく可能

写真４―５　おひさまフェス

性とわくわくも感じている、と語っています。

3）「おひさまフェス」での対話、協働の飛躍

この行事遂行の中心となったメンバーの一人は、小田原合宿で出会った「おひさまマルシェ」という再エネのための行事のなかで、それまでの自分の枠を超えて人と出会い、「対話」をし「協働」することが自分でも可能なことを直感しました。そして、そこで得た〝種〟も持って、多様な考えを持つ人と出会い、話をする場となっていく「おひさまフェス」に挑んだのでした。

「おひさまフェス」で活躍した若者の多くは、自分たちが今までほとんど知らなかった人たちが一つの目的で集まり、実行するために対話をし、それぞれの力を出してイベントを作り上げていった経験をほとんど持ちませんでしたし、自分たちのグループが他の団体やグループと手を結んで行事をおこなうという共同の体験もあまりない若者たちでした。もちろん、市民運動の経験豊かな「中年」の人々の存在は困った時に進行を支える貴重な役割を果たしたことも忘れてはならないでしょうが、そんな若い彼らが、「一人でできなかったこと（自然エネを使った舞台）も、一つの団体ではできなかったこと（二〇〇〇人の参加）も、たくさんの力や思いが集まることで形になってきている」と実感を語るようになっていったのです。

実行委員会を重ねるにつれ、舞台企画は次々と決まっていき、「共同発電所」のPV第二号もできるなど、話し合いの下それぞれの持ち場でそれぞれの持てる力が発揮されました。そして、自分たちの協力により「おひさまフェス」の豊かな内容が決まっていく様を見て、人は話し合いで一つの目的を実現しようとするとすごい力が出せるんだと感じ、対話して実現していく協働する力を体験して行くことになりました。そして、「対話」をして自分を表現し、「協働」して目的を実現する「共有空間」のなかで自分が変わった、大きくなったと感じたことでしょう。それは「対話」と「協働」の飛躍だったのです。そして、そういう経験を積めば多くの若者はもっと主体的になっていくでしょうし、自分たちの目的が実現した未来を他者と共に描くことができるのは本当にわくわくすることなのでしょう。

４）フッーの若者が協働のなかで輝く

こんな変化もありました。今まであまり人前には出なかったメンバーが「おひさまフェス」をより明確に表現するために、renewable energy の文字と太陽とソーラーパネルと映写機などを組み合わせたフライヤーのデザインを創りました。再エネへの関心を高めるために「市民が作った電気でお祭り」ということを伝えようとしたのです。福島原発事故から五年後のこの年のフェスのキーワードは「五年後、一〇年後の未来に向けて」でしたが、未来への「希望」

を描きにくい若者が、「協働」を経験し得て、現状を主体的に変革せんとの希望を語ったもので、「共有空間」のなかで起こった飛躍を示しているのではないかと考えられます。そうとすれば、未来に「絶望」していた若者が、仲間と共に未来を描けることはすばらしいことではないないでしょうか。

そういう特質を持った「共同発電所」だったので、多くの若者を引き付け、経験豊かな中年とも協力し、発足一年後であり初めておこなうイベントにも関わらず、大勢の参加者で「おひさまフェス」を成功させることができたのでしょう。「掛け替えのない時間と宝石のような経験をいただきありがとう」というのが責任者のまとめの言葉でした。

4　活動の現状とこれから

(1)　政策検討チームの活動

政策検討チームは、国、電力会社、自治体へ市民の声を届けていく役割をしています。その前提として、現在の電力業界の利権構造の仕組みや問題点、自然エネルギー普及のために必要な支援策などについて、時間をかけて学習、調査、研究、分析をおこなっていきました。先進的な飯田市や世田谷区の事例研究をして会議に報告し、再エネ条例案のなかなどに生かそうとしています。具体的には以下のようです。

❶ 国の固定化価格買取制度（ＦＩＴ）については、着実に成果を上げていると評価しつつも、市民が自力で再エネ発電を続けていくために、一〇〜五〇〇キロワットの調達価格の分類を追加し、五〇〇キロワット以上によりも調達価格を高くすること、と「調達価格等算定委員会」へ意見を表明しています。

話は違いますが、「共同発電所」は市内でＦＩＴを利用して成果を上げている最初の例です。

❷ また、「電力会社による系統接続の『保留』に強く抗議し、改善を求める」という内容の「提言」も政府や電気事業連合に送りました。

❸ 川崎市の環境局地球環境推進室や行政がおこなっている自然エネルギーの現状の意見交換や「新計画」へのパブコメに詳細な意見を提出しました。以下の「『川崎市エネルギー取り組み方針』に対する意見書」は事業検討チームの理論水準と政策能力の高さを示しており、その緻密で正確な論理構成力を示しています。ここでは項目のみ紹介します。

第一　原発に頼らない社会の創設へ
第二　再エネ普及方針の強化の明示を
第三　目指す都市像として公害を繰り返さない市民自治の環境都市を
第四　エネルギー協議会の設立と行政内の専門部署の創設
第五　中小企業の支援の視点も持ったエネルギー方針の策定

福島原発事故を受けて原発に頼らない社会を目指し、環境負荷も少ない再エネを重視すること、それを「エネルギー協議会」と行政の担当を決めて進めること、川崎公害の歴史も入れ、中小企業支援の視点も勧めておりきちんとした内容になっています。

❹

日影問題に対する対応の正確さ

二〇一五年に一号機の隣接南側に五階建てマンションが計画されました。その計画では三階屋上の発電パネルに日影が生じることから補償交渉をし、川崎市には「日影条例」を制定するよう陳情しました。これは、業者に対する交渉や意見書だけでなく、「共同発電所」の視野の広さを示しています。

建築基準法上は「受忍の範囲」ということで、八時から一六時の日影を表示すればよく、太陽光発電に対する日影問題は想定されていませんでした。しかし、川崎のような都市部では同様の問題が起こるとして陳情をおこなったのです。しかし、政令指定都市では初めての「日影条例」制定の陳情は残念にも審議未了になりました。

❺市民の「川崎市再生可能エネルギー促進条例」案などの学習会

川崎には「川崎市環境基本条例」があり、これは国の「環境基本法」に先立ち制定されたものです。公害などの地域的な環境問題のみならず、地球環境問題を意識した内容を持ち、さらに市民参画に関する規定も盛り込まれるなど、平成三年当時としては、先駆的な内容を持つものです。

そういう川崎市のために、福島原発事故以降の状況にふさわしい、原発ゼロを志向する「川崎市再エネ促進条例」案を作りました。その目指すところは、

一、再エネ社会への方向を示し、脱原発に向けた道筋を自分たちの地域から確実に作り出していくこと、

二、公害克服の歴史を持ち、環境政策先進地域らしい再エネ政策の指針にしてほしいという願いを込めました。前文には、川崎市は原子力に頼らない街とならなければなりません、と明記し、その目的に、

a）エネルギーの安定供給と供給時の環境負荷の低減
b）地産の安全で環境負荷が少ないエネルギー利用を追及する過程に市民が参加できるようにし、市民参加を権利とすること
c）国の原発依存度を下げること、
――を挙げました。
そして、この条例の最大のポイントは、市民が再エネ事業に参画する仕組みを作ることを行政の責務としている点です。これが今川崎市民エネルギー協議会（以下「市民エネ協」）で条例化に向け議論されています。今年に入りその「条例案」に磨きがかけられて「市民エネ協」で承認されました。今後は市議会に対する働きかけや市民との幅広い合意作りに進んでいくことになります。

（2）他団体との連携、行事、学習会

「共同発電所」は、上記のような政策活動や独自の行事や学習会、他団体や個人、行政とさまざまな交流・連携活動を旺盛におこなっています。「平和をきずく市民のつどい」「おひさま春まつり」「公害環境フェスタ」などに参加してアピールをしたり展示をしたり、浜岡原発の見学にも行っています。ドイツの環境運動との連携や台湾のテレビ局の取材を受けたり、

ミャンマーからの視察団受け入れて交流したりとその活動範囲は広きにわたっています。

例えば、地域の力を一つにまとめる為、「市民エネ協」が設立されましたが、活動方針として、

❶ かわさきの地域エネルギーの課題に取り組む各市民団体との連携の輪を広げてのネットワークの拡大、

❷ 各団体で集団的に取り組むこととして、国の固定買取制度に対する意見表明および「川崎市再生可能エネルギー推進条例案」について共同して検討・提案すること、さらに、この組織で「再エネ条例」の実現の努力をすること、

❸ 川崎市と連携強化して行政市民共同型事業として、川崎市が公共施設への屋根などを提供するスキームについて共同研究・提案をおこなうこと、

――を提起しています。

市内の環境団体と川崎市環境局とのプラットホームが「市民エネ協」なのです。一歩前進と言っていいでしょう。

おわりに

「共同発電所」は今後さまざまなことに挑戦していきますが、そのなかには容易ではない、

努力が必要なこともあるでしょう。しかし、そんななかでも「共同発電所」は二〇一七年秋に横浜市鶴見区にある診療所の屋上に三号機の建設が着手されます。発足四年目にしては大きな成果と言っていいでしょう。一号機、二号機は年間でそれぞれ約一〇〇万円、約七〇万円の売電収入を上げており順調ですし、売電先も原発事故を起こした東電から生活クラブエナジーに替えました。「おひさまフェス」も準備が始まっていますし、発電パネルの維持管理、補修もおこなわれました。他団体との交流も相変わらず活発です。

スタッフは、青年期特有の困難を一部抱えているものの、原発のない社会に向けて映画会などに奔走しています。そういう「共同発電所」を原発のない社会に向けて力を発揮する運動として、「市民による市民のための再エネ革命」を起こしうる運動として期待をしていいでしょうし、未来社会を創る主体性を持つ若者が育っている貴重な運動として期待をしていいでしょう。

【参考】原発ゼロ市民共同かわさき発電所WEBサイト
https://genpatuzero-hatuden.jimdo.com/
『21世紀をつくる君たちへ』（学習の友社）所収

年表4―1　「共同発電所」設立から「おひさまフェス」までの経過

2012年	3月	「カウントダウン」集会　@平和公園 「カウントダウン」有志　再エネ促進グループ「川崎自然エネルギー」で学習会を始める。
2013年	8月	地域活動交流会
	9月	世田谷区長保坂氏を呼んで学習会
	10月	太陽光発電パネル組み立てワークショップ
	11月	世田谷市民エネルギー合同会社に関する学習会
2014年	1月	ＮＰＯ「足温ネットえどがわ」による「市民による市民のための市民発電所を川崎に」と題する学習会。
	3月	「共同発電所」キックオフ集会
	6月	自然エネルギースタディーツアー　@飯田市
	7月	「共同発電所」設立記念シンポジウム
	9月	「多摩電力」と学習会
	10月	小田原視察旅行（合宿）
	11月	「シェーナウの想い」上映会（幸、麻生、宮前） ＮＰＯ法人設立（登記） 「住まい何でも相談会」（アゼリア）に参加
2015年	2月	発電所1号機通電式
	3月	「カウントダウン」集会　@平和公園 「おひさまマルシェ@小田原」に参加 「日本科学者会議国際シンポジウム」に参加
	4月	「きらきら発電所」で講演をする 「おひさま春まつり」に参加　@中野島公園 「出前発電所（オフグリッド）を作ろう」教室
	5月	「公害フェスタ」に参加　@溝の口駅 「シェーナウの想い」上映会　@せせらぎ、桜庭宅
	6月	平和をきずく市民のつどいに参加　@平和館 第1回通常総会・記念講演会 静岡視察旅行（合宿）　@浜岡、浜松 「自治体エネルギー条例」学習会 スマートエネルギーセミナー 「エネルギーは地産地消の時代へ」@県民ホール
	9月	「川崎市エネルギー取り組み方針」学習会 原発立地地域での発電所設立調査　@いわき 「おひさまフェス」@二ヵ領せせらぎ館下多摩川河川敷

○ 2014年7月～2015年6月の1年間での会議は、

・理事会：11回　　・政策検討チーム会議：13回
・事業検討チーム会議：14回　　・アート部会議：3回
・イベント企画チーム会議：6回　　合計47回おこなわれた

年表4—2　その後の経過

2015年	10月	オフグリッドワークショップ @テクノかわさき、多摩市民館など計３回開催。
	11月	神奈川県地域エネルギー課との学習会 ミャンマー視察団受け入れ
	12月	多摩地区・山梨視察旅行・合宿
2016年	1月	「川崎地域エネルギー市民協議会」設立総会 「日本と原発」上映会@平和館、高津市民館で計３回開催。
	2月	キララ賞受賞　@神奈川生活クラブ
	3月	原発ゼロカウントダウン集会　@平和公園
	5月	１日合宿（ワークショップ）　@中原市民館
	6月	浜岡原発の危険性と訴訟に関する学習会 @市民活動センターなど計５回おこなわれた。 第２回定期総会　@高津市民館
	9月	第２回おひさまフェス＆星空上映会　雨で混乱
2017年	2月	「無配当出資」の学習会　@中原市民館
	3月	なくそう原発パレード　@鶴見駅周辺
	4月	上野村スタディーツアー・合宿
	6月	第３回定期総会　@大山街道ふるさと館 講演「浜岡原発事故と神奈川への影響」
	7月	「日本と再生」上映会、河合監督講演会@産業振興会館

第32号
でん太通信
den to tu~sin

第6号
でん太通信
den to tu~sin

写真４—６　でん太通信

【付】

原爆症認定集団訴訟から福島の放射能汚染を考える

――健康被害の「放射線起因性」の証明方法――

川崎市平和館運営委員
平和をきずく市民のつどい実行委員会
核兵器をなくし軍縮をすすめる
川崎市各区区民の会連絡会

はじめに

一九四五年に広島・長崎に原爆が投下され合計三〇万人以上が死亡した。放射線による健康被害により、被爆者はさまざまな病状に苦しんできた。がんなどの死に至る病に罹患して入退院を繰り返し、不安な日々を送る被曝者も多数いる。原爆訴訟に関わった朝永万左男医師（日赤長崎原爆病院院長）は、その病状の特性を「生涯持続性」だと語っている。

他方、日本政府は彼らを被爆者と認めず、その病状に関しても原爆症と認定しないことがしばしば起こっていた。そのため、二〇〇三年に被爆者たちは「原爆症認定集団訴訟」に踏み切った。彼らを中心に弁護団や医師、科学者などの運動により、集団訴訟において連勝し、日本政府を追い詰めてきた。その結果、二〇〇九年に政府は原爆症認定基準を改め、被爆者救済に取り組むことを約束せざるをえなくなった。

だが、議論はするものの具体化は進んでいない。その大きな理由は、政府が米核政策との関連で原爆の被害を過小評価する立場をとり、「原爆被害は戦争災害として受忍義務があり、国家補償については認める根拠はない」という基本理念に固執し、今でも被爆者に症状が「放射線に起因している」ことの証明を押し付けているところにある。また、それに呼応するように原子力ムラとその「専門家」により「一〇〇ミリシーベルト以下の低線量被曝では健康障害は起きない」とか「飲酒などからもがんになるが、被爆によるものと区別できない」という見解が流布されていることも無視できない。

広島・長崎の被爆による「原爆症認定訴訟」の勝利は、内部被曝による健康被害の知見の積み重ねとともに、福島原発事故による健康被害を考えるうえでも大いに参考になるはずである。端的に言えば、広島・長崎の被爆者全員救済は福島の被曝者救済にもつながることになるであろう。

1　事実から出発し、放射線健康被害の解明へ

ある問題が起こった場合、その解決のために目の前の事実から出発する必要があることはわざわざ言うまでもないことであろう。しかし、この自明のことが、被ばくによる健康被害の分野では、終戦直後の米軍や最近では政府や原子力ムラの「専門家」によって無視されたり、隠蔽されたりすることがしばしば起こってきた。

（1）放射性降下物による内部被曝と健康被害の事実確認はこのように始まった

終戦直後に原爆による健康被害を研究するさいの問題の一つは、直爆を受けていないのに、

遠距離であるのに、直後から下痢や脱毛などの急性原爆症の症状がたくさんの人に現れ、死亡する人も後を絶たない状況が出現したことである。しかし、それがなぜ起きたのかは明らかではなかった。米軍はというと、「残留放射能はない」「(原爆で死すべき者は死んだので)原爆により苦しんでいる人はいない」などと、直爆と初期放射線以外の人体への被害を無視し隠蔽することに努めていた。

そのようなときに、被爆者の状況を目の前にして、がんによる死亡率と放射能との関連を明らかにしたのは、広島市翠町在住の於保源作医師であった。残留放射能の人体への影響を調査し、報告したのである。彼は広島のある地区の三九四六人を調査し、原爆の爆発後に市内に入って救援などの作業をした六二九人も調べた。そして、一九五七年に「原爆残留放射線障碍の統計的観察」を発表し、脱毛、皮膚粘膜出血(紫斑)、下痢などの症状の報告をおこなった(*1)。

於保医師は、屋内被曝、屋外被曝、入市被曝の項目に分けて調査し、特に爆心地への出入りに注目した。それにより放射能や放射性降下物という残留放射能による健康被害の確率が格段に高まることを示した。例えば、屋内被曝で中心地への出入りがないのとあるのとでは、発熱などの急性障害有症者が二〇・二%と三六・五%の違いがあった。

また、初期放射線は一・五キロ程度にしか届かないとされているので、それ以遠の急性障害に関しては放射性降下物を吸い込んだり、水や食料により人体内部に取り込んだことによる内部被曝が原因であることが想定された。実際に、遠距離でも急性障害を起こしている被爆者が多数いたからである。

そこで、於保医師は同じ地域の被爆者の症状をいくつかの項目に分けて調査した。彼は、爆心からの距離が離れると下痢が減っているので、米軍のいう下痢の原因が赤痢ではありえない、また、被爆者の脱毛は円形脱毛とは違うので、脱毛の原因が精神的ショックではありえない、と個別にも反論した。さらに、下痢、紫斑、脱毛という判りやすい三つを並行して調べて比較すれば、三つの症状を同時に引き起こす共通の原因は放射性降下物の放射線による以外にないことを示せる、と考えた。そして、その調査を実行して、放射性降下物による内部被曝と健康障害の因果関係を「調査による統計的観察」により明らかにしたのである。

於保医師が調査した範囲がおよそ二・〇〜七・〇キロメートルであり、屋内被爆者の調査もし、それらを脱毛、紫斑、下痢などの項目にしたがっておこなったことは、内部被曝の調査記録として貴重なものと評価できるものであった（表5—1）。そのことを澤田昭二氏が分析的に再評価をしながら紹介している（＊2）。それによると、二・五キロの所にいた直爆でない人々のなかに、下痢が一八・七％、紫斑が五・九％など同様の急性症状が見られたこと、さらに、非被爆者で爆発後に広島市の中心部に入り一〇時間以上活動した人々の四三・八％が急性原爆症と同様の症状を発症していた。於保医師のこうした調査報告によって、内部被曝による健康被害の解明の歴史は緒に就いたのである。

於保医師の調査報告やその他の調査の成果も引き継ぎながら、澤田氏は、残留放射線被曝の影響評価には物理的線量評価では不可能であり、被爆実態に基づく生物学的線量評価が不可欠と考え、調査データを脱毛、紫斑、下痢のそれぞれに分けて統計的考察を加え、爆心地からの距離と急性症状との関係をグラフ化し、被爆線量を明らかにした（図5―1）。そして、同線量の被爆であれば、ほぼ同じ程度の急性症状が現れていることを解明した。こうして被爆者に現れている症状が放射性降下物によ

表5―1　原爆直後中心地に入らなかった屋内被爆者の場合

種別／距離	調査人数	分類			距離別有症率（%）	急性原爆症々候の距離別百分率						
		無傷	外傷のみ	有症		熱火傷	外傷	発熱	下痢	粘出皮膜血	咽喉痛	脱毛
キロ												
0.5	3	0	0	3	100.0	0	66.7	33.3	33.3	66.7	33.3	100.0
1.0	60	8	13	39	65	11.6	51.6	53.3	41.6	31.6	18.3	48.3
1.5	167	58	31	78	46.7	6.5	27.5	32.9	37.1	18.5	11.3	16.7
2.0	234	75	88	71	30.3	6.4	17.5	16.6	20.9	8.1	3.4	2.1
2.5	219	102	56	61	27.6	6.8	16.4	13.2	18.7	5.9	0.9	5.4
3.0	236	135	56	45	19	3.3	10.1	8.8	14.8	2.5	2.1	2.9
3.5	337	238	46	53	15.7	0.9	4.1	3.8	8.4	2.6	0.9	0.9
4.0	200	168	16	16	8.0	1.0	3.5	3.5	4.0	2.0	1.0	3.0
4.5	305	285	14	6	1.9	0	0	0.9	1.3	0	0.3	0
5.0	117	107	2	8	6.8	0	0	0	1.7	0	0.8	0.8
以上												
合計	1878	1176	322	380	平均 20.2	3.2	10.7	10.6	13.5	5.7	2.8	5.0
男	646	414	93	139								
女	1232	762	229	241								

出典：注1の文献（於保原作論文）

る内部被曝が主な原因であるということを、澤田氏は数値的にも明らかにしたのである。

　広島の調査報告によれば、被爆者が爆心地からどれだ

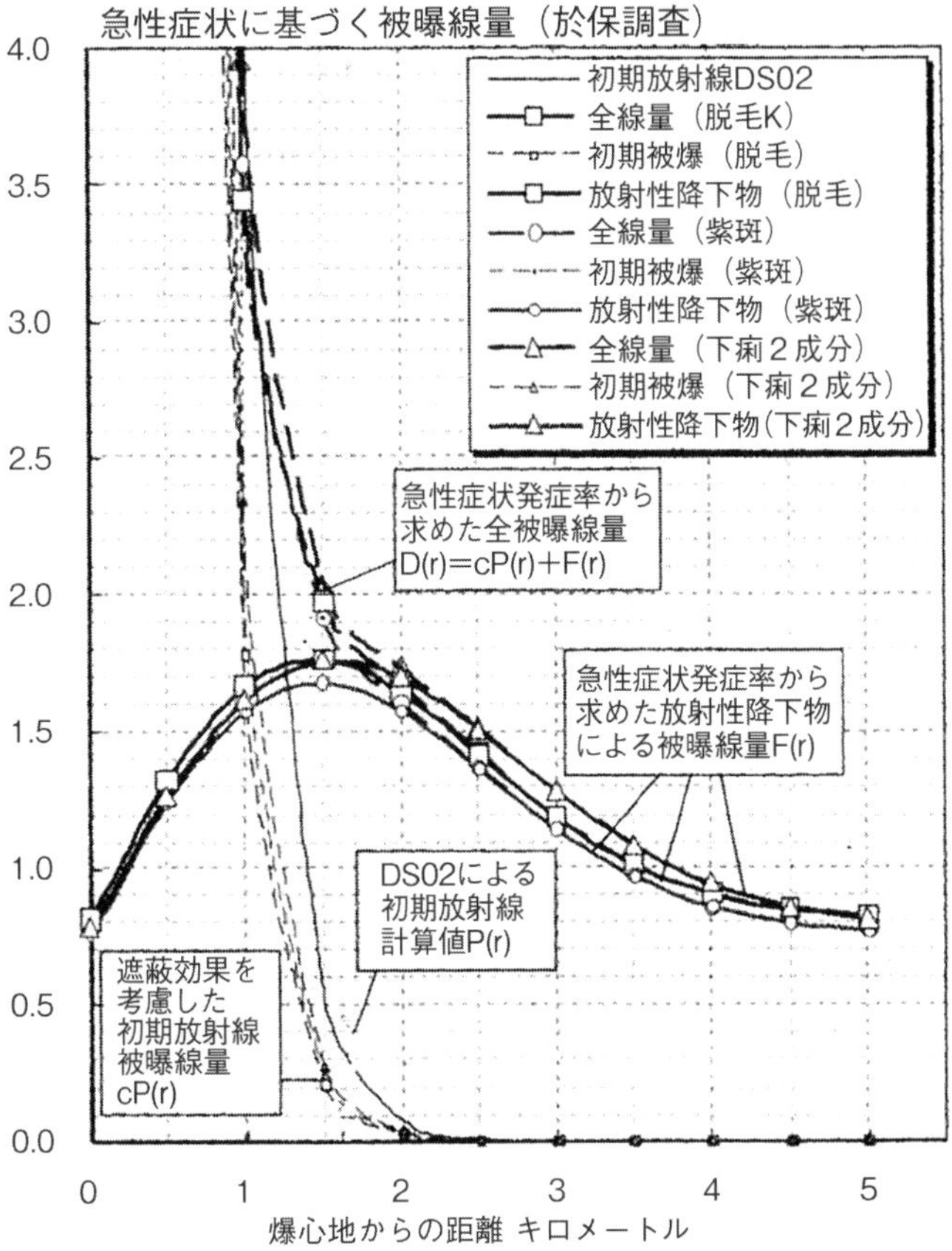

図５－１　急性症状発症率に基づく広島原爆による被曝線量

出典：注２の文献（澤田昭二論文）

けの距離にいたかが分かれば、その人がどれだけの量の放射線を浴びたかが分かり、彼を被爆者と認定することができるはずである。図5―1からの被曝線量を基に、その人のがんや白血病、免疫系の弱化、心臓などの機能の変化など、複数の項目を検査して比較するなら、それらの症状が放射線に起因していることが証明できることになる。がんにも関係し心臓機能も冒すなど複数の症状を同時に起こす共通の原因は、放射線による健康被害とみなしてよいからである。

(2) 事実の無視、隠蔽は福島原発事故でもおこなわれている

米軍による残留放射性物質による健康被害の無視、内部被曝の隠蔽は、原爆傷害調査委員会(ABCC)から放射線影響研究所(以下、放影研)に引き継がれ今日にいたっている。そして、事実の無視や隠蔽は国際放射線防護委員会(ICRP)などの国際機関によって今もおこなわれているし、その影響のもとにある「専門家」によっておこなわれている。

福島原発事故後の鼻血問題でも、事実の無視、隠蔽がおこなわれた。雁屋哲氏の『美味しんぼ』のなかで、福島では原発事故後鼻血が多くの人に出でたという漫画の内容に対して、それは「風評被害」を引き起こすものであるとのバッシングが巻き起こった。環境省までもが「事故の影響で鼻血が出るとは考えにくい」とか、「福島の放射線量では鼻血は出ない」

と発言した。鼻血がいつもより多くの人に出たという事実を否定し、さらには、事故の放射線による影響と鼻血の関係を頭から否定した。しかし、鼻血に関しては雁屋氏自身の現地での確認や、国会での福島の参考人の証言などから分かるように、各地で鼻血を出す人が多かったことは否定できない事実なのである（＊3）。学術的な調査でも、「平成二四年一一月時点でも……双葉町・丸森町ともに特に多かったのは鼻血であった」と報告されている（＊4）。

問題を解明し解決するためには、まず事実を大切にし、そこから出発することではないか。この当たり前のことが無視されれば、隠蔽が進み虚偽が横行することこそあれ、事態の根本的な解決の方向は見いだされないであろう。逆に、目の前の具体的事実から出発すれば、なぜ低線量という状況のなかで、高線量でしか出ないと考えられている鼻血が出たのか、そこから分析を始め、放射線と人体との関係を辿ることにより、原因の究明に向かうはずである。

福島の事態は原爆の直接被爆の場合のように高線量のために造血機能が失われて、歯茎、目など体の至る所から出血するような鼻血ではない。その理由を説明する見解で有力であると思われる西尾正道氏（北海道がんセンター名誉院長）の論を紹介する（＊5）。それによると、福島原発事故の放射性降下物のなかには、原子炉のメルトダウンに由来する、大きさが二・六マイクロメートル程度の球状合金状のセシウムを含んだ不溶性のホットパーティクルが存在している。しかも一個が六・五ベクレルという高線量の放射性微粒子である。このホットパーティクルが鼻のゴミが付着しやすいギーゼルバッハという部位の粘膜に付着して準内部被曝のように被曝させ、そこの微細な血管を傷つけて鼻血が出ると主張している。

もう一つ、事実から出発することの大切さを示すものに、小児甲状腺がんがある。こちらの方はより深刻な問題である。甲状腺がんは、通常一〇〇万人に一人の割合で発症するといわれている（二〇〇八年の福島県の小児甲状腺がんの発症はゼロ）のに、福島では、疑いのある人を含めて一八四名になった。津田敏秀氏は、疫学的調査の視点から「スクリーニング効果や過剰診断などの放射線被曝以外の原因で説明するのは不可能である」と主張する（＊6）。それでも「県民健康調査における中間とりまとめ」（二〇一六年三月）では、「総合的にみて、放射線の影響とは考えにくい」と報告されている。これは、被曝と小児甲状腺がんの関係を否定するために、疫学的にみて有意味な数字や検査するたびに小児甲状腺がんやその疑いを持つ子どもが増えている、特に一巡目の検査で問題なしとされた子どもに二巡目で六二人も甲状腺がんまたは疑いとされた（「福島健康調査検討委員会報告」二〇一六年一二月）といった事実を無視するものである。

さらに、小児甲状腺がんを隠蔽しようとする動きも、最近起きている。放影研理事長の丹羽太貫氏や長崎県立医大副学長山下俊一氏らが、「第五回放射線と健康についての福島国際専門家会議」の名で福島県知事へ提出した「提言」にそれが表れている。「検診プログラムについてのリスクと便益、そして費用効果」の点からも「甲状腺検診プログラムは自主参加であるべき」と、主張しているからである。チェルノブイリでは、事故後五年を経過したころから甲状腺がんが増え始めたと報告されているが、三・一一から五年過ぎた時点で、原子力ムラにつながる人たちから出された「提言」は、事実を隠蔽しようとする企て以外のなにものでもないであろう。

2 被曝による細胞変異の重視――物質的因果関係の究明――

(1) セシウムの臓器への蓄積による病変の発見は本質的・法則的認識

チェルノブイリの原発事故後であっても、当時のベラルーシでは放射性ヨウ素による甲状腺がんだけが問題にされ、半減期三〇年のセシウム一三七による発病はほとんど無いとされていた。国際原子力機関（ＩＡＥＡ）のフリオ・ゴンサレス（当時、原子力安全部長）は、映画『真実はどこに』で、「チェルノブイリの様な低線量の放射能と病気との相関関係を証明することは認識論的に不可能」と語っている。不可知論的態度をとることによる事実の無視と隠蔽である。

しかし、チェルノブイリの原発事故では、健康障害は事実として起こっており、がんや心筋症での死者もたくさん出ていた(*7)。でも、なぜ低線量の土壌汚染が健康被害を引き起こすかという点は未解明であった。この点を解明したのが、ベラルーシ共和国のゴメリ医科大学学長、バンダジェフスキーの研究報告である(*8)。

バンダジェフスキーは、環境(土壌など)に存在する低線量のセシウムなどが生物に取り込まれ生物濃縮され、その生物を人間が食べたり、水を飲み、空中から吸引するなどにより人体内に蓄積されるという濃縮過程を示し、それによって疾病が発生する経過を明らかにした。そして、人工の放射性物質であるセシウム一三七は心筋や腎臓などの臓器に蓄積しやすく、それにより深刻な病変と代謝障害を引き起こすことが証明されたのである。環境中では低線量であっても、内部被曝では局所的、集中的、持続的に高線量被曝を引き起こすことになるからである。

彼は、汚染地域(三七〜一八五キロベクレル/平方メートル)に住むさまざまな年齢層の子どもたち(生後一四日〜一四歳)に心電図検査をした結果、高頻度で異常を認めた。その結果を考察するなかで、心電図異常の頻度と体内のセシウムの蓄積量が比例することを彼は発見した。そして、体内に取り込まれた放射性セシウムが平均四〇〜六〇ベクレル/キログラムの場合、心室の心筋細胞に明確な損傷が認められ、その病変が原因で心筋症などの疾病が発生していたのを突き止めたのであった(図5―2)。

それまでは、病状の集積からの健康被害や疫学調査による病状と放射線の線量との疫学的な対応関係の統計的推定であった。疫学的（統計的）手法は、医学研究ではよく用いられる手法であるが、それは、現象相互の関係を統計的に処理することによって相互作用や連関を解明しようとするものである。

バンダジェフスキーは、それを一歩進めて、身体内部に取り込まれ臓器に蓄積されたセシウムの放射線により心筋などの組織が損傷されていることを、人体を解剖（分析）することにより確証した（図5―3）。そして、心筋症や心電図異常などの症状がセシウムの放射線による内部被曝の結果であること、その関係が「対応関係」ではなく、放射線と臓器の間に物質的な相互作用が存在することを実証したのである。さらに、彼は動物実験もおこなって放射性セシウムがそれらの臓器に病変を引き起していることも突き止め、「チェルノ

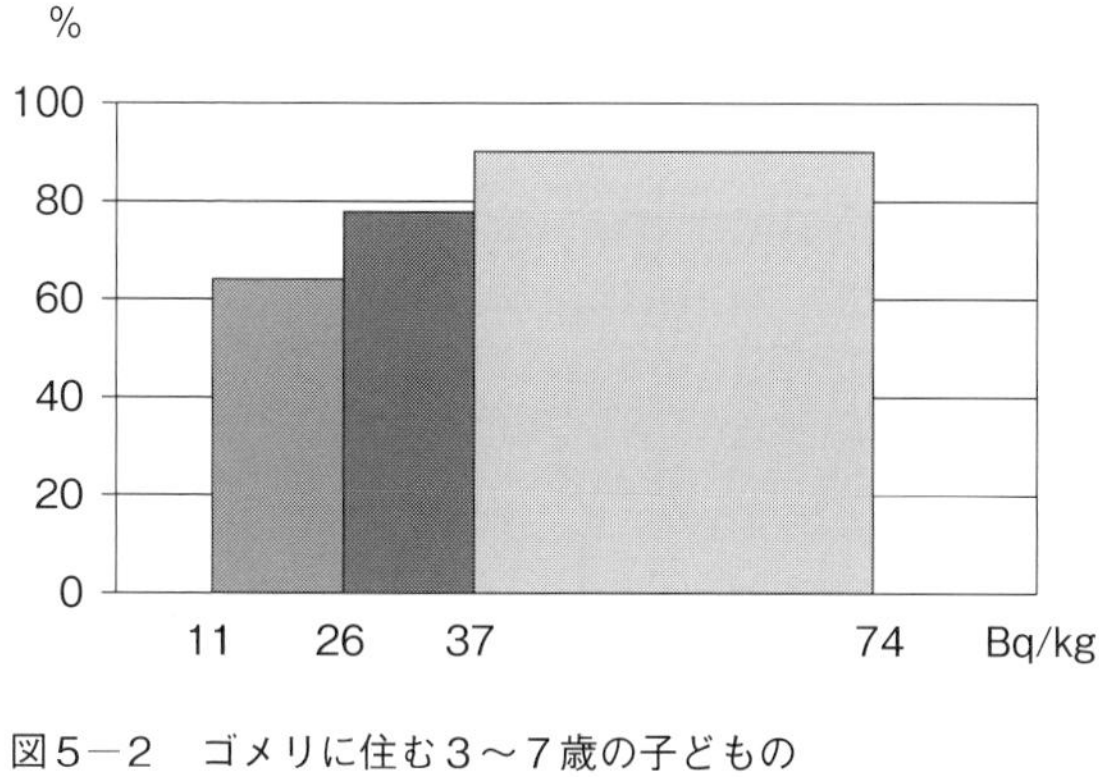

図5―2　ゴメリに住む3～7歳の子どもの
心電図異常の発生率と体内放射性元素濃度の相関

出典：注8の文献（バンダジェフスキー論文）

ブイリではメンタルな被害が最も問題だ」などという国際原子力ムラの虚偽の報告も打ち破った。

バンダジェフスキーは、解剖という科学的方法によって、土壌などの環境汚染が低線量であっても、人体内で蓄積されると濃縮され、そこでの内部被曝が甚大な健康被害を引き起こすことを解明した。彼が低線量セシウムの人体臓器への蓄積、それによる臓器の損傷と健康被害の発生を人体の解剖により実証したことで、世界の低線量内部被曝の研究を飛躍させた医学的意義は大きい。

放射線の人体に対する影響は現時点では完全には解明されていないの

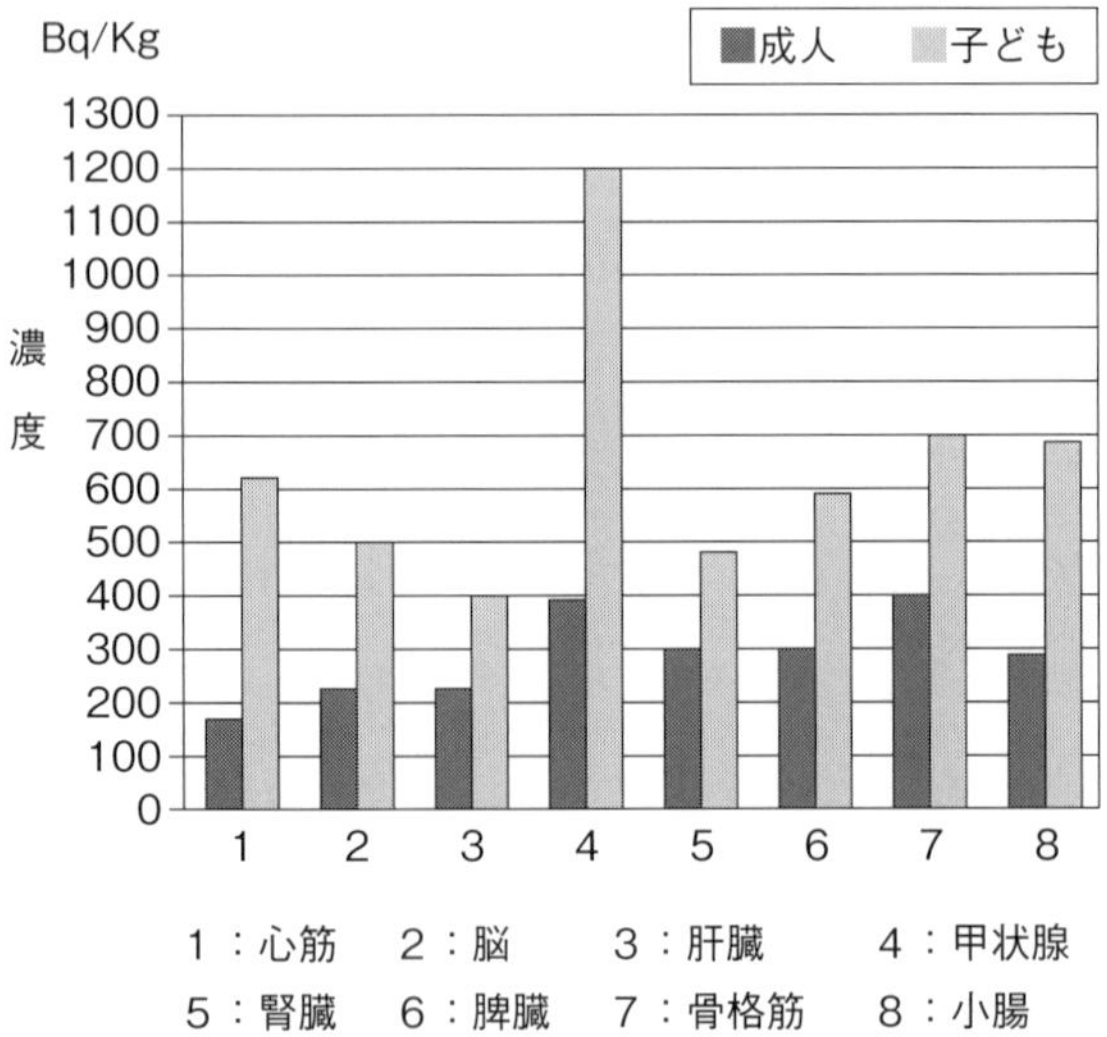

図5－3　1997年に死亡した成人と子どもの臓器別放射性元素濃度

出典：注8の文献（バンダジェフスキー論文）

は事実である。しかし、ある時点では完全には明らかにされていない事柄でも、その時の調査研究や実験で解明されたものは、その条件と範囲のなかではそのままで客観的真理とみなすのが科学的態度である。条件づけられているという点では相対的真理であるとしても、相対的というのは曖昧とか不正確というのとは違う。現時点での知識や研究の成果や認識は、広さと深さに制限があるとしても、その条件と範囲のなかでは普遍性を持つ客観的真理なのである。バンダジェフスキーが獲得した解剖学的認識は、本質的認識であり真理である。したがって、チェルノブイリ原発事故の放射能による汚染と健康被害の認識は、福島の原発事故による汚染と健康被害の究明にも生きるであろう。

(2) 放射線による細胞変異に関する研究の前進

放射線による細胞の変異に関しては、近年大きく進展している。落合栄一郎氏は、国際的な研究動向も視野に入れ、放射線によるDNAへのダメージとその修復機構については、かなり詳しくわかってきていることを指摘し、そのなかで「興味深い研究」としてジュリア・ヘスらの研究を挙げている(＊9)。

ヘスら(＊10)は、チェルノブイリ原発事故後に、甲状腺乳頭がんが多発したことに注目して、被曝した若者たちの染色体を調べた。すると、被曝した若者の三九％に染色体の7q11という領域の遺伝子が一つ余分にできているのを発見した。比較対象の非被曝者には見つからなかった。彼らは、放射線によるがんの誘起は、化学物質その他によるものとプロセスが違っていると考えるのが合理的であるとみなした。

染色体の欠陥率と被曝線量には非常に密接な関係がある。染色体を見ると、過去に遡って当時の被ばく量やダメージのレベルを推定できるし、そのプロセスが十分に確認されれば、甲状腺がんのおよそ四〇％はその原因が放射線にあると判定できるという。それゆえ、遺伝子検査をして、上記の部位に遺伝子が一つ余分にあれば、その遺伝子の所有者は被ばく者であると合理的に判断することが可能になる。

その他にも、古くは、低線量で長時間の被爆が高線量・短時間の被爆より細胞膜をひどく破壊し、危険であることには全く変わりはないというペトカウ効果（＊11）が知られているが、それ以降に獲得された、放射線による細胞変異に関する良く知られた知見として、以下のものをあげておきたい。即ち、

・バイスタンダー効果（放射線を照射された細胞の周辺の細胞も損傷されることがある）。

・ゲノム不安定性（放射線被曝により、細胞とその子孫内の継続的、長期的突然変異の増加）。

・ミニサテライト突然変異（遺伝を受け継いだ生殖細胞系のＤＮＡが変化し易くなる）。

・遅延型突然変異（放射線被曝によって生じた損傷がいったん修復され生き残った細胞集団

でありながら、長期間を経たのちに突然変異頻度の上昇が生じるという現象）。などである。

一九九〇年代以降、電子顕微鏡の活用やＤＮＡ研究などの進展による分子生物学的研究によって、放射線による細胞の変異が科学的に解明されてきており、このような成果を踏まえる必要がある。そうすれば、がんや心筋症のような健康障害が上記のような現象を伴っている場合、それらが放射線被曝による被害であると判断できることになるであろう。

３　現象の分析から本質（法則）的認識へ

（１）放射線の数学的・実証主義的な把握の一面性

放射線の影響に関する国連放射線科学委員会（ＵＮＳＣＥＡＲ）は「低線量における放射線作用の生物学的メカニズム」に関する報告書のなかで「生理学的プロセスに関して、一致する意見は得られていない」とし、生物学的・生理学的に放射線と細胞の変異との関係を見る低線量・内部被曝の最新の研究の到達点を無視し、従来の見解を固執し続けている。『チェルノブイリの遺産』（二〇〇五年）の結論では、チェルノブイリの影響では、「メンタルな健康被害が最も大きな公衆衛生の問題である」とまで述べられている。

ICRPなどの調査方法は数学的であり、実証主義的な線量測定主義などと言われている。「数学的である」とは、物質的な過程を捨象した、具体的な側面を捨象したやり方ということになる。その場合には、放射線被曝と健康被害の関係は、物質的過程における相互作用や因果関係ではなく、単なる「対応関係」、順序の関係ということにならざるをえない。また、放射線測定主義では、放射線の線量の測定のみ重視され、対象の物質（身体や細胞など）との関係や放射線の具体的あり方（α、β，γ線の違いや核種の崩壊過程など）や細胞の多様な変化（DNA再生シークエンス、バイスタンダー効果など）等々の研究は問題にならないことになる。

実証主義は、探究の対象を自然などの表面的な諸現象に限定し、具体的な対象を分析して本質や法則を把握することをしない。個々の現象の間の連関・対応のみが問題であり、放射線と細胞などの変異の本質としての客観的な因果関係や法則の実在を認めない。しかも、連関といっても、上に述べたように「対応関係」であり、物質過程における原因と結果との必然的な連関ではない。

法則的な因果関係は、経験のレベル、知覚のレベルだけではとらえることはできない。知覚のレベルでは、「Aの後にBが起こる」としか言えないが、因果関係を言うには、「Aの故にBが起こる」ことを、理性を働かせて示さなければならず、そこには分析・総合などの思惟の能動性による法則の把握が必要なのである。

（2） 相対主義的科学論による被曝実態の歪曲

ICRPの発想には相対主義も見え隠れしている。ICRPは、彼らの陣営と無関係な研究者だと、観察、調査のデータなどが「モデルに沿った現れ方をしていないので信頼できない」という言い方をよくする。彼らにとっては、眼前の事実や調査による新しいデータが問題なのではなく、ICRPモデルから、そのデータが演繹できるかどうかが問題なのである。

国際原子力ムラの「研究者」は一定の「業績」の纏まりである「パラダイム」のなかで研究しているので、集団内で自足的には研究できる。しかし、客観的真理や事実の尊重という発想が無いなかでは、他の研究者集団と議論する共通の土俵が無く「共約不可能」な状態なので、彼らは、議論を交わしても互いの知識が深まることをほとんど期待していない。また、人間の知覚は自分の持っている知識などに制約されており、外的事物を見ても知識をうることができない「理論負荷的」状態である。言わば「理論」が「事実」を作っているのであり、「誰にとってもいつでもどこでも同じであるような『客観性』という概念」は見いだせないことになる（＊12）。これは、真理の客観性を否定し、場所や時代が違えば真理は変化するという相対主義的真理観に立っていることを意味する。

「モデル」や「プロトコル」を重視し、そこから演繹的な議論をおこなう方法がそれに輪を掛けることになる。福島で子どもの甲状腺がんが多発しても、原発事故の影響とは考えにくい、などと放射線による健康被害を否定するのも、「福島のような低線量では健康被害は出ない」という「理論」によって事実が見えなくなっているからであろう。低線量放射線による健康被害の研究報告が世界で次々と発表されても、自らの「事実」や「理論」に固執し続けるのもそのためであろう。

さらには、国際原子力ムラの「研究者」の「合意」が成り立っているのだから、自分たちの「理論」こそが真理であるとみなすのである。これは、「科学者集団においては、真偽を決定するに、関係者の集団的同意より以上に高い基準というものはない」という「真理合意説」の立場である（＊13）。

山下俊一氏が「（福島は）チェルノブイリとは条件が違う」といい、福島原発事故に際しても、子どもたちが次々と甲状腺がんに罹っているのを無視し、スクリーニング効果だと言い続けている。彼のような「専門家」が福島原発事故による健康被害を否定しているのもそういう思想からきていると考えられる。低線量内部被曝の研究がいくら進んでも、彼ら国際原子力ムラの面々が「一〇〇ミリシーベルト以下の被曝では健康被害は出ない」と言い張るのは、政治論は置くとして、認識論的には自分たちの理論が「合意されている」ので真理だという思い上がりがあるためであろう。

しかし、実際は、研究者が一定の枠組みのなかで研究するさい、客観的事実を大切にし、そこにある事物の相互関係や相互作用を分析することを大切にするならば、共通の基盤ができ、議論や研究成果は「共約可能」になり、知識の継承や拡大、発展が可能になるはずである。また、人間は一定の知識や理論をもって知覚するのだから、人間の知覚が影響を受けて「理論負荷的」であるとしても、それによってむしろ外界をより安定的に捉える機能を果たしている。例えば、コインを斜め横から見れば表面的な形は楕円形に見えるが、私たちの感覚知覚は、すでに自分にある知識と結びついて、それでもそれをコインであると認知し、より全面的な認識を形成できるのである。そして、当の知覚が対象の認識になっているかどうか、間違っていないかは、最終的にはやはり多数の人の知覚によって確かめることで客観性が確保されることになる（＊14）。

（3）現象から本質へ――交絡の排除、対象を純化しての分析

放射線によるがんリスクが増加することの証明には、分析的方法が欠かせない。

日本政府は一九九〇年より原発労働者に対する疫学調査をおこなってきており、約二〇万人分のデータがある。二〇一三年の「報告書」によると、対象者の平均累積被曝量は一三・三

ミリシーベルトであり、その結果一般国民より全がん死亡リスクが四%（一〇ミリシーベルトでは三%）有意に増加した。これに対して、松崎道幸氏は、データから原発労働者のがん死の増加という事実を押さえ、一〇ミリという低線量でも被曝により超過死亡者が出ることを指摘し、がんと放射線被曝との因果関係を、喫煙や飲酒という交絡の影響を分析し、考察した。そして、彼が後の二つを副次的な因子として排除し、対象を抽象化、純化して分析を進め、がんが放射線の被曝によるものとしたのは本質把握であり、注目すべき点である（＊15）。

ところが、これまで政府は、一〇〇ミリシーベルト以下の放射線被曝のリスクは無いか、あるいは極めて小さいと主張してきたし、これらの調査結果が原発労働者のライフスタイル、特に飲酒と喫煙が多いことに原因があるので、「放射線被曝の為とは考えにくい」とし、放射線被曝との因果関係を事実上否定してきた。

松崎氏は、それに対して、「報告書」を以下のように丁寧に分析した。即ち、原発労働者が一般国民よりも一三%肝がん死が多いことを示した上で、「飲酒習慣のある人」は原発労働者では平均七五%であるとみなした。一般国民より五〇代がやや高いので、仮に飲酒率が一般国民より五%高いとして、男性では飲酒者が非飲酒者より肝がん死亡率が二倍との報告があるのでそれを用いて計算すると、がん発生数は飲酒率が七五%から八〇%に増えても肝がん死の増加は二・九%に止まることがわかった。

しかし、この数字では一般国民の死亡率より一三％の増加を説明できない。それ故に、飲酒はがんの副次的要因であること、つまり、放射線をがんの主要な原因とする以外にないことを明らかにしたのである。松崎氏は、肺がんに関しても喫煙との関係を検討しながら、放射線被曝が肺がんの原因であると同じように結論できるとした。

こうして、松崎氏は、原発労働者の肝がん死が一般国民より一三％増加しているという疫学調査結果が、原発労働者の飲酒が多いためとみなす政府などによる「報告書」が誤りである、と主張した。彼は生活習慣

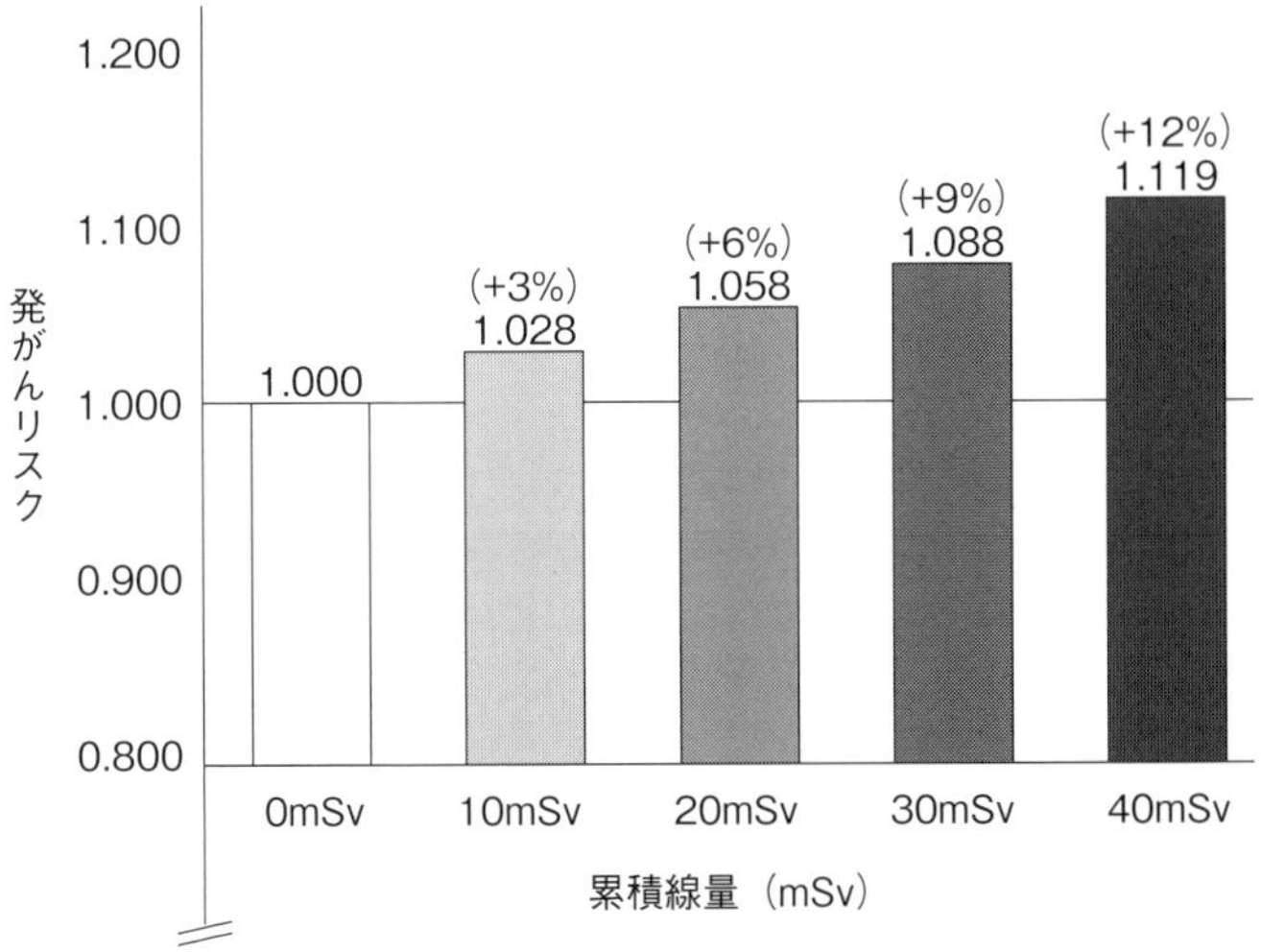

図5－4　心臓疾患検査・治療にともなう低線量X線被爆発がんリスク

出典：注15の文献（松崎道幸論文）

の影響も含めてそれを「交絡」させて分析し、飲酒や喫煙を排除したうえで、被曝によるがんの発生リスクを論証しているので、政府の「交絡」を理由にした言い逃れは通用しないことになる。そして、松崎氏の科学的分析方法は、放射線被曝に関係する他の疾病の原因究明の場合にも大きな力を発揮するように思われる。

松崎氏は、がんリスクが一〇ミリシーベルトでも三％有意に増加するという認識が医療X線被曝に関するアイゼンバーグらの報告などによっても裏付けられているという（図5―4）。そして、こういった認識に立てば、福島市や郡山市などではすでに一〇ミリシーベルト程度の累積被曝線量になっており、人口の一％ががんによって超過死亡すると警鐘を鳴らしている（＊16）。

おわりに

被爆者はその生涯を通じてさまざまな健康被害に苦しんできた。彼らの現在の疾病が原爆による被爆が原因であるということが、さまざまな科学的研究の前進によって次々と解明されてきている。疾病が「放射線起因性」によるものかどうかは、以下のような場合に確認できるであろう。即ち、

❶その人が一九四五年のいつ、広島、長崎のどこにいたかがわかれば、於保医師の統計を基に沢田氏が示したグラフにより、その人の被ばく線量が合理的に推定でき、被爆者であるといえる。

❷がんが放射線によるものとその他の原因によるものと区別ができないというが、飲酒や喫煙などの交絡の分析を丁寧におこなえば、放射線が主要因であることを確定することができる。

❸最近では特に、被爆者はがんだけでなく、心筋症などそれ以外の疾病も発症しているが、その時にはそれらそれぞれの原因を比較して分析すれば、それらを生活習慣や環境だけでは説明できないので、放射線被ばくが共通原因であると判断できる。

❹最近の分子生物学の成果に立って、その人のＤＮＡや遺伝子を調べることによって変異の仕方や変異の量によって放射線による被ばくと判定できる。この手法は被爆二世、三世の認定には特に役立つのではないか。

上記のような被ばくの状況が把握され、健康被害などの放射線起因性が確認されれば、被爆者認定申請をしたすべての人に対して認定をし、全員を直ちに救済すべきである。さらに、広島・長崎の被爆者に起こったことは福島原発事故の放射線による被曝者にも起こるということができる。チェルノブイリで起こっている土壌汚染による健康被害は、福島原発事故の被曝者にも起こりうるのである。そのことを考慮すれば、原爆による被爆者全員救済は、福島で多発しつつあり、今後一層増加するであろう甲状腺がんや白血病、心筋症など放射線による健康被害を国と東電に完全に救済させることにつながり、原発事故による被曝者救済にも一助となるであろう。

【注】

＊1　於保源作「原爆残留放射線障碍の統計的観察」（『日本医事新報』第一八四六号、一九五七年、二一〜二五頁）

＊2　澤田昭二「被爆実態に基づいて残留放射線被曝を評価する」（原爆症認定集団訴訟記録集刊行委会編『原爆症認定集団訴訟たたかいの記録』資料7、日本評論社、二〇一一年、二六五〜二九一頁）

＊3　雁屋哲『美味しんぼ「鼻血問題」に答える』（遊幻社、二〇一五年）四八〜五一頁。

＊4　岡山大学・広島大学・熊本学園大学の研究者グループが、福島県双葉町・宮城県丸森町筆甫地区・滋賀県長浜市木之本町の三ヵ所で二〇歳以上の成人を対象にしておこなった調査報告書「低レベル放射線曝露と自覚症状・疾病罹患の関連に関する疫学調査――調査対象地域三町での比較と双葉町住民内での比較――」（二〇一二年九月六日）参照。

＊5　西尾正道氏（北海道がんセンター　名誉院長）が二〇一四年五月二四日の国会内の緊急集会で配布した資料「鼻血問題を通じて考える」参照。

＊6　津田敏秀（岡山大学教授）「日本外国語特派員協会での記念報告」参照。

＊7　チェルノブイリ原発事故による健康被害の全貌については、アレクセイ・ヤブロコフやアレクセイ・ネステレンコなどによる『調査報告　チェルノブイリ被害の全貌』（岩波書店、二〇一三年）が詳しい。

＊8　ユーリ・バンダジェフスキー『放射性セシウムが人体に与える医学的生物学的影響』（合同出版、二〇一一年）

＊9　落合栄一郎『放射能と人体』（講談社ブルーバックス、二〇一四年）一九三〜一九五頁。

＊10　Julia heβ ,et.al.: Gain of chromosome band 7q11 in papillary thyroid carcinomas of Young patients is associated with exposure to low-dose irradiation, Prc. Nat. Acd. Sci. USA, 108（2011）, p. 9595-9600.

＊11　ペトカウ効果についての研究の進展については、以下の著作が詳しい。ラルフ・グロイブ、アーネスト・スターングラス『人間の環境への低レベル放射能の脅威　福島原発放射能汚染を考えるために』（あけび書房、二〇一一年）

＊12　村上陽一郎『新しい科学論』（講談社ブルーバックス、一九七九年）七六頁。

＊13　トマス・クーン『科学革命の構造』（みすず書房、一九七一年）一〇六〜一〇七頁。

＊14　牧野廣義『哲学と現実世界』（晃洋書房、一九九五年）一二九頁。

＊15　松崎道幸「がんリスクは10ミリシーベルトでも有意に増加」（日本科学者会議編『日本の科学者』第四八巻第一号、二〇一三年一月号、三七〜四三頁）

＊16　同右、四三頁。

●著者略歴
田辺　勝義（たなべ　かつよし）

川崎市平和館運営委員。平和をきずく市民のつどい実行委員。
核兵器をなくし軍縮をすすめる川崎市各区区民の会連絡会代表。
森とせせらぎネット・ワークM・森とせせらぎ祭り実行委員。
原発ゼロ市民共同かわさき発電所理事。勤労者通信大学哲学教科委員。

【著書】
『21世紀をつくる君たちへ』（木村 孝 編著／学習の友社／2018年）執筆者

【編・著書】
『「平和をきずく市民のつどい」30年のあゆみ』（記念誌編集委員会／2013年）
『街なかのせせらぎの道──江川をよみがえらせた地域13年の歩み』（江川の水と緑を考える会／2004年）

市民参加の平和都市づくり

2020年1月12日　初版第1刷発行

著　者　田辺《たなべ》　勝義《かつよし》

発行所　株式会社 本の泉社
〒113-0033 東京都文京区本郷 2-25-6
電話：03-5800-8494　Fax：03-5800-5353
mail@honnoizumi.co.jp ／ http://www.honnoizumi.co.jp

発行者　新舩海三郎
ＤＴＰ　田近　裕之
印　刷　亜細亜印刷　株式会社
製　本　株式会社　村上製本所

ISBN978-4-7807-1955-0　C0036